智能汽车传感器检测

主　编　黄汉军　朱红权
参　编　李　昶　臧　欢
主　审　丁继斌

机械工业出版社

本书紧密结合当前智能网联汽车上的主流传感器应用和发展，循序渐进，深入浅出地阐述了智能汽车各类传感器的工作体系。本书内容包括智能汽车传感器认知、智能汽车驱动电机系统传感器检测、智能汽车舒适安全系统传感器检测、智能汽车环境感知系统传感器检测、高精度定位系统传感器检测与标定、智能汽车ADAS功能测试共6个项目，每个项目的工作任务最后还有能力训练和课后作业。

本书可作为职业院校智能网联汽车技术等相关专业的教材，也可作为汽车制造企业、汽车技术研发企业和汽车修理企业等技术人员的参考用书和培训教材使用。

为方便各院校开展理实一体化教学和信息化教学，本书配套开发了电子课件、微课等教学资源。凡选用本书作为授课教材的教师均可登录www.cmpedu.com注册后免费下载。也可来电咨询，咨询电话：010-88379201。

图书在版编目（CIP）数据

智能汽车传感器检测 / 黄汉军，朱红权主编. — 北京：机械工业出版社，2023.7

ISBN 978-7-111-73022-4

Ⅰ. ①智… Ⅱ. ①黄… ②朱… Ⅲ. ①智能控制–汽车–传感器–检测 Ⅳ. ①U463.6

中国国家版本馆CIP数据核字（2023）第068283号

机械工业出版社（北京市百万庄大街22号　邮政编码100037）
策划编辑：师　哲　　　　　责任编辑：师　哲　谢熠萌
责任校对：丁梦卓　徐　霆　封面设计：张　静
责任印制：刘　媛
涿州市般润文化传播有限公司印刷
2023年12月第1版第1次印刷
210mm×285mm · 10.5印张 · 246千字
标准书号：ISBN 978-7-111-73022-4
定价：45.00元

电话服务	网络服务
客服电话：010-88361066	机 工 官 网：www.cmpbook.com
010-88379833	机 工 官 博：weibo.com/cmp1952
010-68326294	金 书 网：www.golden-book.com
封底无防伪标均为盗版	机工教育服务网：www.cmpedu.com

前言 PREFACE

随着智能网联汽车技术的高速发展，智能网联已成为全球汽车产业发展的战略方向，发展智能网联技术对我国实现智能汽车核心技术及其产业链的自主可控具有重要的战略意义。其中，自动驾驶成为各个汽车厂商的核心竞争技术，而由各种传感器组成的自动驾驶感知层是该技术的核心之一。

为促进我国智能网联汽车产业与智能网联汽车相关专业的教育教学健康发展，适应新形势下的教学需求，本书针对智能汽车涉及的检测汽车自身运行状态的传感器和感知外界环境的传感器的工作原理、应用场景、检测方法、标定程序进行了分析和介绍。本书内容主要包括智能汽车传感器认知、智能汽车驱动电机系统传感器检测、智能汽车舒适安全系统传感器检测、智能汽车环境感知系统传感器检测、高精度定位系统传感器检测与标定以及智能汽车 ADAS 功能测试。本书的特点是以职业能力为本位，以工作任务为载体，进行综合职业能力的培养和训练，并配套开发了丰富的教学资源。

本书可作为职业院校智能网联汽车技术等相关专业的教材，也可作为汽车制造企业、汽车技术研发企业和汽车修理企业等技术人员的参考用书和培训教材使用。本书由上海石化工业学校黄汉军、朱红权任主编，上海石化工业学校相关教师参与编写工作，由南京工业职业技术大学丁继斌主审。具体分工如下：上海石化工业学校黄汉军编写项目 06 并负责统稿，上海石化工业学校朱红权编写项目 02、项目 04、项目 05，并负责统稿，上海石化工业学校李昶编写项目 01，上海石化工业学校臧欢编写项目 03。

本书在编写过程中，元致捷信息咨询（北京）有限公司的李文杰、王国涛和董红波配合编者设计制作了相关资源，谨在此向相关人员表示衷心的感谢。

由于编者水平有限，书中难免存在疏漏和不妥之处，恳请广大读者批评指正。

编　者

二维码索引

名　称	图　形	页码	名　称	图　形	页码
微课：电流传感器检测		14	视频：压力传感器检测		56
动画：旋变传感器工作原理		23	视频：超声波雷达传感器检测		78
视频：霍尔式轮速传感器检测		31	微课：毫米波雷达传感器标定		88
动画：电涡流传感器工作原理		38	动画：激光雷达传感器工作原理		98
视频：温度传感器检测		48	微课：摄像头标定		116

目 录 CONTENTS

前言
二维码索引

项目01 智能汽车传感器认知

工作任务 1-1 智能汽车传感器分类识别 ·· 2

职业能力 1-1 正确识别智能汽车传感器的类型 ··· 2

工作任务 1-2 智能汽车传感器信号特征识别 ·· 7

职业能力 1-2 正确识别智能汽车传感器的信号特征 ·· 7

项目02 智能汽车驱动电机系统传感器检测

工作任务 2-1 驱动电机系统传感器检测 ·· 14

职业能力 2-1-1 正确检测电流传感器 ·· 14
职业能力 2-1-2 正确检测旋变传感器 ·· 22

工作任务 2-2 加速踏板位置传感器检测 ·· 31

职业能力 2-2-1 正确检测霍尔式加速踏板位置传感器 ·· 31
职业能力 2-2-2 正确检测电涡流式加速踏板位置传感器 ··· 38

项目03　智能汽车舒适安全系统传感器检测

工作任务 3-1　空调系统传感器检测 48

职业能力 3-1-1　正确检测热敏式温度传感器 48

职业能力 3-1-2　正确检测压阻式压力传感器 56

工作任务 3-2　智能座舱系统传感器检测 64

职业能力 3-2　正确检测音频传感器 64

工作任务 3-3　安全气囊传感器检测 71

职业能力 3-3　正确检测压电式碰撞传感器 71

项目04　智能汽车环境感知系统传感器检测

工作任务 4-1　智能汽车雷达传感器检测 78

职业能力 4-1-1　正确检测超声波雷达传感器 78

职业能力 4-1-2　正确检测毫米波雷达传感器 87

职业能力 4-1-3　正确检测激光雷达传感器 97

工作任务 4-2　光学传感器检测 108

职业能力 4-2-1　正确检测环境光强度传感器 108

职业能力 4-2-2　正确检测摄像头 115

项目05　高精度定位系统传感器检测与标定

工作任务 5　全球导航卫星系统认知 128

职业能力 5　正确进行全球导航卫星系统的检测和标定 128

项目06　智能汽车ADAS功能测试

工作任务 6　进行智能汽车 ADAS 功能测试 144

职业能力 6　正确进行智能汽车 ADAS 的功能测试 144

参考文献 162

项目 01
智能汽车传感器认知

项目学习内容

本项目将学习智能汽车传感器的认知，具体内容如下：

```
                                                          ┌─ 敏感元件
                                      ┌─ 1. 传感器的组成 ─┼─ 转换元件
                                      │                   └─ 测量电路
            ┌─ 智能汽车传感器分类识别 ─┤
            │                         │                   ┌─ 按功能分类
            │                         └─ 2. 传感器的分类 ─┴─ 按工作特性分类
智能汽车    │
传感器认知 ─┤                                             ┌─ 直流信号
            │                                             ├─ 交流信号
            │                         ┌─ 1. 电子信号类型 ─┼─ 频率调制信号
            │                         │                   ├─ 脉宽调制信号
            └─ 智能汽车传感器信号特征识别 ─┤               └─ 串行数据信号
                                      │
                                      └─ 2. 传感器信号特征 ─┬─ 模拟信号
                                                            └─ 数字信号
```

工作任务 1-1

智能汽车传感器分类识别

职业能力 1-1　正确识别智能汽车传感器的类型

一、核心概念

智能网联汽车传感器。

二、学习目标

知识目标：能够阐述传感器的组成及各部分组件的作用；能够说出传感器的不同类型及应用场合。

技能目标：能够安全并规范使用万用表测量传感器的电压信号，进而判别传感器的类型，养成安全操作意识。

素养目标：培养学生信息素养，包括信息搜索和评估能力。

三、基本知识

智能网联汽车通过智能汽车传感器对环境和自身状况进行感知，特别是驾驶辅助系统，以传感器采集的信息作为系统的输入信息，传感器的质量和性能直接影响汽车各系统运行的功效。汽车传感器作为汽车电子控制系统的信息源，其主要功能是把汽车运行中的各种工况信息，如车速、介质的温度、发动机转速等，转化成电信号传输给中央控制单元，中央控制单元再经过分析和处理，传输给各执行器，使汽车工作在预设的最佳状态。

1. 传感器的组成

传感器通常由敏感元件、转换元件和测量电路三部分组成。

1）敏感元件是指能直接感受（或响应）被测量，并将被测物理量转换成与其有确定关系的物理量的元件。

2）转换元件的作用是将上述非电量转换成电参量。

3）测量电路的作用是将转换元件输入的电参量经过处理转换成电压、电流或频率等可测电量，以便进行显示、记录、控制和处理。

2. 传感器的分类

传感器广泛应用在高压驱动系统、底盘、车身和灯光电气等系统中，可以用来测量温度、压力、流量、位置、气体浓度、速度、光亮度、干湿度、距离等参数。

（1）按功能分类　智能网联汽车传感器主要应用在驱动电机系统、舒适安全系统、环境感知系统、高精度定位系统等系统中。

1）驱动电机系统传感器。图1-1-1-1所示为智能网联汽车的电流传感器数据流。通过传感器的数据流能够显示动力蓄电池的总电流。

智能网联驱动电机系统传感器包括旋变位置传感器（用于显示驱动电机的转速和位置）、加速踏板位置传感器（用于显示加速踏板位置）等。

图 1-1-1-1　电流传感器数据流

2）舒适安全系统传感器。舒适安全系统传感器主要有空调系统传感器、智能座舱系统传感器和安全气囊传感器。

图1-1-1-2所示为应用于智能座舱系统的麦克风传感器，它用来收集外界语音信号，完成相关控制指令的接收，并将指令发送至控制模块实现各项功能操作。

3）环境感知系统传感器。环境感知系统传感器是智能网联汽车的重要组成部分，主要包括超声波雷达、毫米波雷达、激光雷达等距离传感器和摄像头等视觉传感器，如图1-1-1-3所示。

图 1-1-1-2　麦克风传感器

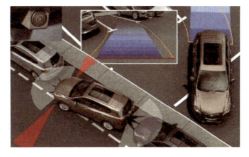

图 1-1-1-3　环境感知系统传感器

环境感知系统传感器主要用来感知车辆行驶路径、周围障碍物和行驶环境，以及进行行驶道路、标志牌、信号灯、车道线等的识别。

4）高精度定位系统传感器。智能网联汽车需要通过定位技术准确感知自身在全局环境中的相对位置以及行驶的速度、方向、路径等信息。

目前，定位技术主要有卫星定位、车载导航定位、蜂窝无线定位等。定位技术通过高精度定位传感器来完成车辆的定位，如图1-1-1-4所示。

（2）按工作特性分类　传感器根据其工作特性可分为有

图 1-1-1-4　高精度定位传感器

源式和无源式两种。

1）有源式传感器：指传感器工作时需要外界提供电源的传感器。

图 1-1-1-5 所示为车身高度传感器控制电路，传感器有三根线，其中一根为供电电源线。该传感器在外加电源的作用下才能输出电信号，常常配合有电压测量电路和放大器。车辆装配的该类型传感器一般有电阻式、霍尔式和电容式等。

2）无源式传感器：指传感器工作时不需要外界提供电源的传感器。

无源式传感器也称为能量控制型传感器，它不需要外接电源，可通过外部获取到无限制的能源。该类传感器一般有磁电式和压电式等。

图 1-1-1-6 所示为发动机爆燃传感器电路，传感器工作时只有两根线，一根为信号线，一根为传感器搭铁线。传感器在振动时产生电压，产生的电压信号通过信号线直接传递给控制模块，不需要外接电源。

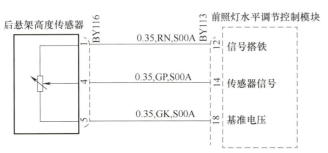

图 1-1-1-5 车身高度传感器控制电路

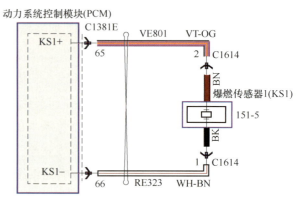

图 1-1-1-6 发动机爆燃传感器电路

四、能力训练

任务描述：
通过万用表对传感器进行电压检测，并根据学到的知识来识别被检测的传感器类型。

1. 操作条件

工具资料	名　称	规　格	备　注
资料	车型维修手册	电子版或纸质版	对应车型及年款
	技术快讯	对应车型	根据实际情况确定有无
工具与设备	万用表	适用于高压系统检测	带有高压绝缘检测仪功能
	手动工具	带有绝缘材料	套装
操作对象		对车辆的传感器进行电压检测	

2. 安全及注意事项

1）检测前确保高压电路处于断开状态。

2）应穿戴好绝缘手套并铺设绝缘垫。

3）在拆卸前要彻底清洁连接处、维护开关及其周围区域。

4）实操人员应着装规范，遵守车间规程。

5）确认变速器手柄处于P位，施加驻车制动，不要移动车辆。

6）实操结束后，复位车辆，清点工具、仪器和设备，确认无误。

7）不能用压缩空气直接吹向打开的总成或部件内部。

8）检测过程中确保诊断仪等检测工具不被人为损坏。

9）测量完毕后，检测设备放回原位，严禁随意摆放。

3. 操作过程（以荣威eRX5为例）

序号	步骤	操作方法及说明	质量标准
1	按照电路图确定传感器的连线	翻阅被测车辆传感器的电路图，确定传感器的连线 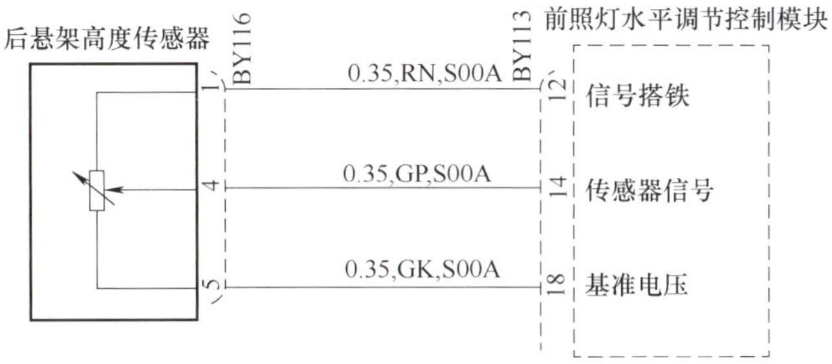	BY113插接件定义：14#线是输入信号端 12#线是搭铁端 18#线是供电端
2	传感器电压的检测演示	把探针与被测传感器的端子线连接 万用表红表笔与被测端子相连，黑表笔与模块搭铁相连 打开起动开关，观察万用表的读数 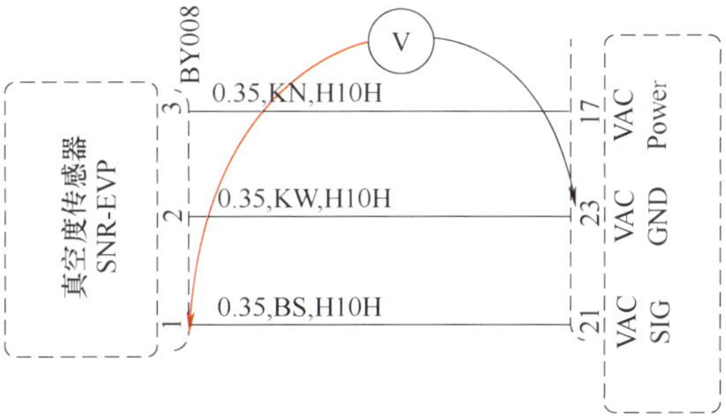	图示万用表的读数为0.9~2.2V之间的一个值
3	传感器的类型确认	测量传感器的各端子是否有电压 根据检测电压和电路图的电路判断传感器是有源式还是无源式传感器	车辆静态时，用万用表测量传感器，若有模块提供参考电压且信号线上也有电压，则为有源式传感器，否则为无源式传感器

> **情境问题一：**
>
> 有两根线的传感器一定是无源式传感器吗？
> 提示：轮速传感器是有源式传感器，只有两根线。

> **情境问题二：**
>
> 自动泊车需要什么类型的传感器？
> 提示：超声波雷达、毫米波雷达、激光雷达和摄像头之类的传感器。

4. 学习结果评价

序号	评价内容	评价标准	评价结果(是/否)
1	电路图的查阅	能够正确阐述传感器连线各端子的定义	
2	万用表的检测	能够利用万用表进行电压检测	
3	传感器的类型判定	能够理解有源式和无源式传感器的电压特点	
4	信息检索的使用	能使用正确的关键词获取所需的学习信息	
5	信息的传达	能够清晰明确地表达自己的想法	
6	工作方法改进的意识	能根据任务完成的结果制订有效的优化方案	
7	安全操作规范	能够按安全操作规范使用工量具	

五、课后作业

1. 以下哪些传感器是有源式传感器？（　　）

A. 磁电式传感器

B. 压电式传感器

C. 爆燃传感器

D. 高度传感器

2. 汽车智能领域主要的传感器类型是（　　）。

A. 感知系统传感器

B. 定位系统传感器

C. 舒适安全系统传感器

D. 动力系统传感器

工作任务 1-2
智能汽车传感器信号特征识别

职业能力 1-2　正确识别智能汽车传感器的信号特征

一、核心概念

电子信号类型。

二、学习目标

知识目标：能够阐述电子信号的类型；能够阐述传感器信号的特征。
技能目标：会用示波器检测传感器的信号波形，并识别出信号输出类型。
素养目标：培养学生严谨认真、精益求精的工匠精神和协同合作的团队精神。

三、基本知识

随着电子技术、计算机技术和信息技术等的发展和应用，智能汽车电子控制技术在控制精度、范围、适应性和智能化等多方面有了较大发展，实现了汽车的全面优化运行。特别是近些年新能源汽车的发展，更是离不开电子控制技术，只有了解电子信号类型知识，才能做好智能汽车传感器检测工作。

1. 电子信号类型

汽车电子元件工作时常见的电信号有以下五种类型，分别是：

1）直流（DC）信号：通常用幅值来表达信息。
2）交流（AC）信号：通常用频率和幅值来表达信息。
3）频率调制信号：通常用改变频率来表达信息。
4）脉宽调制（占空比）信号：通常用改变脉宽（占空比）来表达信息。
5）串行数据信号：通常用阵列（网络数据）来表达信息。

(1) 直流（DC）信号　直流电是指方向和时间保持不变的电压或电流。直流信号仅使用幅值的特征。

汽车上应用的电流，其类型大多数是直流电流。图1-2-1-1所示的直流信号为蓄电池电压信号的波形，其电压平稳，波形的方向没有变化，近似一条直线。

(2) 交流（AC）信号　交流电是指大小和方向随时间周期性变化的电压或电流。交流信号具有幅值、频率、相位和形状等特征。

图1-2-1-2所示的交流信号为汽车发电机发出的未经整流的交流电流，它是正弦波交流电，其幅值、波形和频率均周期性变化。

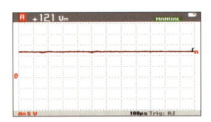　　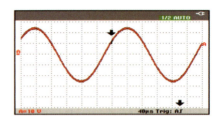

图1-2-1-1　直流信号　　　　　　　　图1-2-1-2　交流信号

(3) 频率调制信号　频率调制信号具有幅值、频率、形状等特征。常见的频率调制信号传感器包括车轮转速传感器、直流电机转速传感器等。

图1-2-1-3所示为直流电机转速传感器的频率调制信号。

(4) 脉宽调制（占空比）信号　脉宽调制信号是指利用脉宽时间或占空比来实现控制的信号。脉宽调制信号具有幅值、频率、形状、脉冲宽度等特征。

常见的脉宽调制信号传感器、部件包括加速踏板位置传感器、动力蓄电池冷却风扇等。

图1-2-1-4所示为动力蓄电池冷却风扇的脉宽调制信号。

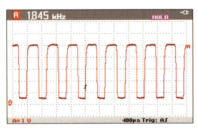　　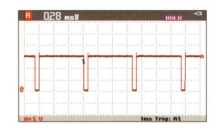

图1-2-1-3　频率调制信号　　　　　　图1-2-1-4　脉宽调制信号

(5) 串行数据信号　车辆上最复杂的信号是串行数据信号。串行通信的特点是：数据位传送，传送按位顺序进行，最少只需一根传输线即可完成，成本低但传送速度慢。串行通信的距离从几米到几千米。

车辆上使用LIN网络通信只需要一根导线，CAN网络通信信号需要两根导线。图1-2-1-5所示为CAN网络的串行数据信号。

2. 传感器信号特征

汽车传感器的信号特征是指当传感器检测到被测部件的物理量发生变化后，转换出可被测量的电信号的体现形态，该信号特征在汽车传感器中大致可分为模拟信号和数字信号。

（1）模拟信号　模拟信号是指用连续变化的物理量表示的信息。

模拟信号波形如图 1-2-1-6 所示，模拟信号的幅度、频率、相位随时间变化而连续变化。

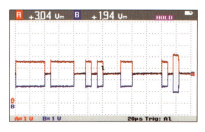

图 1-2-1-5　串行数据信号

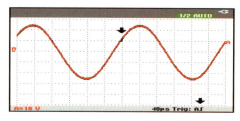

图 1-2-1-6　模拟信号波形

车辆上高压驱动电机的温度传感器传递的信号都是模拟信号。

直流和交流信号都属于模拟信号。

（2）数字信号　数字信号是指电压或电流在幅值上和时间上是离散、突变的信号。

数字信号波形如图 1-2-1-7 所示，数字信号用示波器检测时，以方波形式体现。

车辆上霍尔式发动机转速传感器、车速传感器等传递的都是数字信号。

调制信号、占空比信号、串行数据信号都属于数字信号。

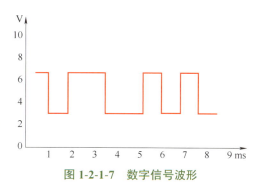

图 1-2-1-7　数字信号波形

四、能力训练

任务描述：

通过示波器了解传感器信号的特点，通过学到的知识确定检测的传感器输出的是什么信号类型。

1. 操作条件

工具资料	名　称	规　格	备　注
资料	车型维修手册	电子版或纸质版	对应车型及年款
	技术快讯	对应车型	根据实际情况确定有无
工具与设备	示波器	配各种适配器和探针	—
	高压检测万用表	适用于高压系统检测	带有高压绝缘检测仪功能
	手动工具	带有绝缘材料	套装
操作对象		对车辆的传感器进行信号显示和识别	

2. 安全及注意事项

1）检测前确保高压电路处于断开状态。

2）应穿戴好绝缘手套并铺设绝缘垫。

3）在拆卸前要彻底清洁连接处、维护开口及其周围区域。

4）实操人员应着装规范，遵守车间规程。

5）示波器是精密仪器，应避免出现损坏、短路、零部件丢失。

6）确认车辆处于P位，施加驻车制动，不要移动车辆。

7）实操结束后，复位车辆，清点工具、仪器和设备，确认无误。

8）检测过程中确保诊断仪等检测工具不被人为损坏。

9）测量完毕后，检测设备放回原位，严禁随意摆放。

3. 操作过程

序号	步骤	操作方法及说明	质量标准
1	连接示波器	把装有示波器软件的便携式计算机连接到车辆上，要确保连接到辅助蓄电池的搭铁线与车身接触良好，否则会造成信号缺失	按图示安装，连接器上的绿灯显示表明连接成功 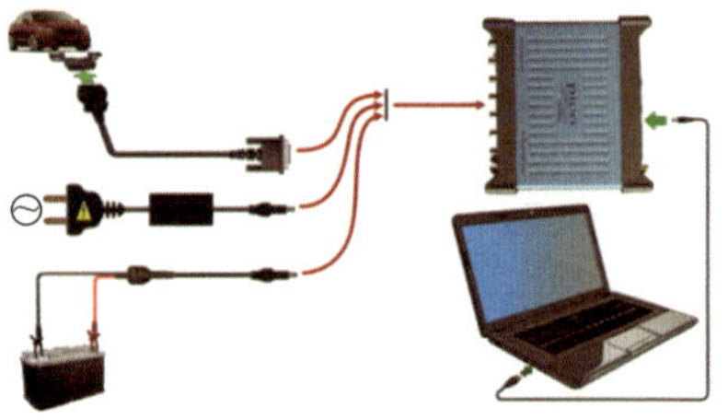
2	认识示波器界面	1）连接示波器通道一的测试线 2）进入到便携式计算机示波器界面 3）针对界面讲解示波器界面的主要参数	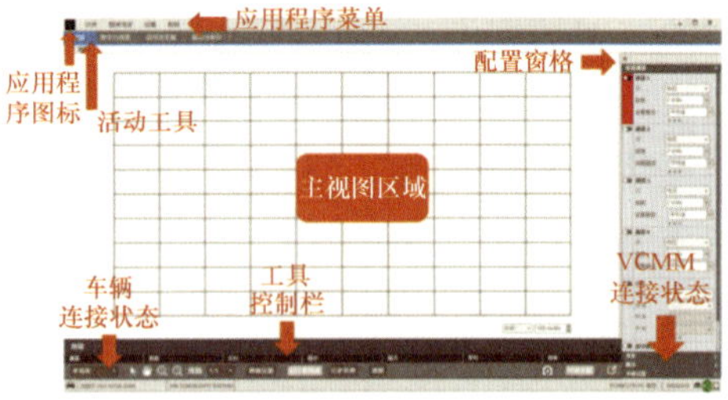
3	认识直流信号	1）把通道一的探针和辅助蓄电池正极相连，观察直流波形；观察波形，了解幅值和形状 2）起动车辆，观察波形的变化 3）让学生读取幅值	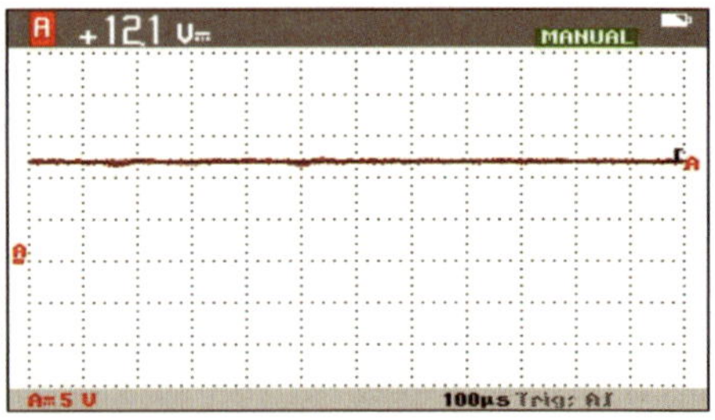
4	认识交流信号	把通道一的探针与实训室交流单元接触（注意安全），观察交流波形，观察波形的幅值和形状，在时间轴改变周期，让同学们了解不同周期下波形的变化	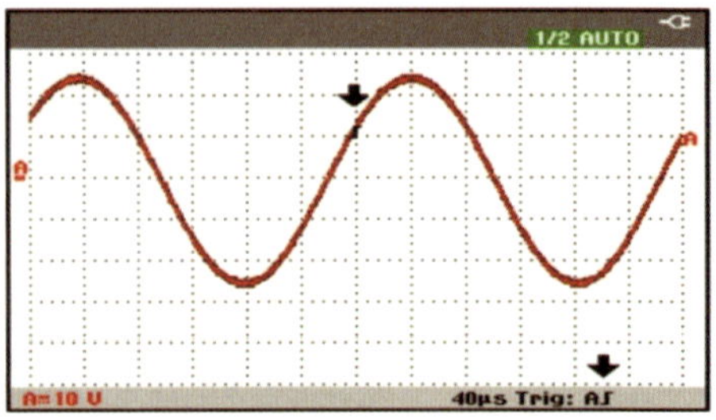
5	认识频率信号	1）举升起车辆，把通道一的探针与车辆的轮速传感器信号线接触（注意安全），观察轮速信号波形，了解波形的幅值和形状 2）打开起动开关，转动车轮（注意安全），观察随着轮速的变化，轮速传感器信号频率的变化	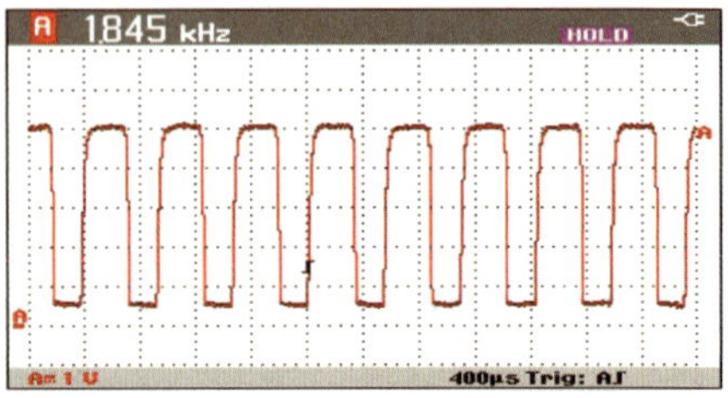

10

（续）

序号	步　骤	操作方法及说明	质　量　标　准
6	认识占空比信号	1）把通道一的探针与发动机喷油器控制线接触（注意安全），打开起动开关，锁定波形的上升沿（或者下降沿），观察控制信号波形，观察波形的幅值和形状 2）起动车辆，改变发动机转速，观察信号占空比的变化	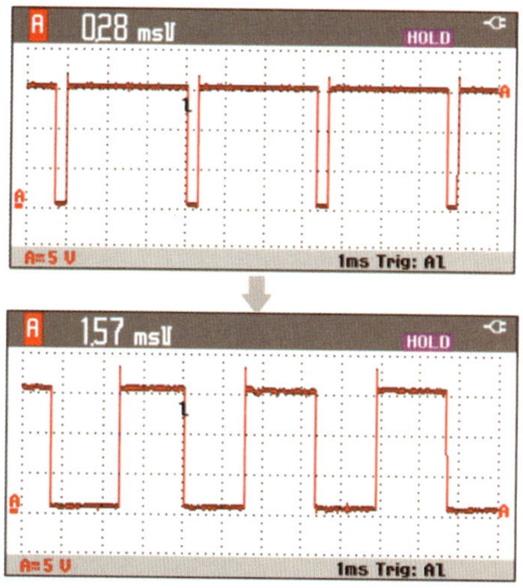
7	认识串行数据信号	1）连接通道一和通道二，分别用探针与OBD诊断接口的CAN数据线接触，打开起动开关，观察CAN波形的幅值和形状 2）起动车辆，改变发动机（或驱动电机）转速，观察CAN信号的变化	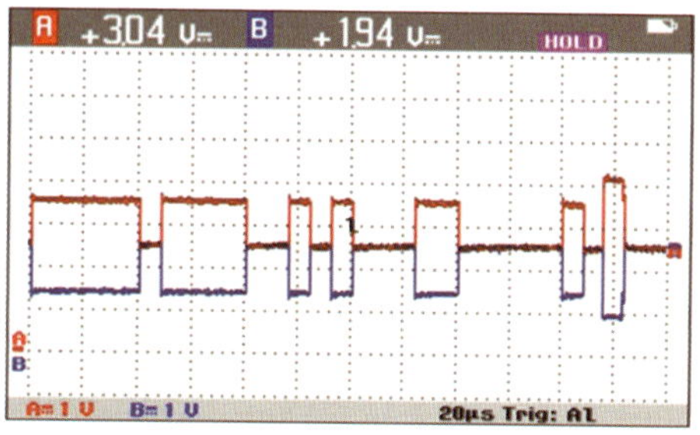

情境问题一：

采用以太网进行数据传输的信号属于什么类型的信号？需要用什么设备检测？
提示：以太网信号是串行数据信号，需要采用高频示波器才能采集到相关的信号。

情境问题二：

车辆起动时，智能钥匙发出的是什么样的信号？
提示：智能钥匙发出的是高频无线电磁波信号。

4. 学习结果评价

序号	评价内容	评价标准	评价结果(是/否)
1	示波器连接的方法	能正确进行示波器的连接	
2	示波器界面的说明	能够解释示波器界面的重要参数	
3	直流信号的特征	能够阐述直流信号的特征，识别直流信号的幅值	
4	交流信号的特征	能够解释交流信号的特征，能够识别交流信号的频率	
5	频率信号的特征	能够描述频率信号的特征	
6	占空比信号的特征	能够描述占空比信号的特征	

(续)

序号	评价内容	评价标准	评价结果(是/否)
7	串行数据信号的特征	能够描述串行数据信号的特征	
8	信息检索的使用	能够使用正确的关键词获取所需的学习信息	
9	信息的传达	能够清晰明确地表达自己的想法	
10	工作方法改进的意识	能够根据任务完成的结果制订有效的优化方案	
11	安全操作规范	能够按安全操作规范使用工量具	

五、课后作业

根据学习内容，请把下列信号的特征描述出来。

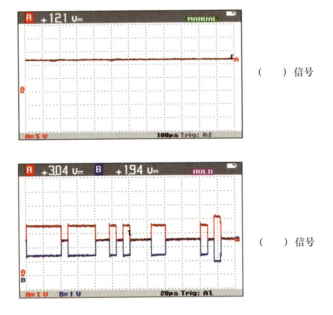

（　　）信号

（　　）信号

项目 02
智能汽车驱动电机系统传感器检测

 项目学习内容

本项目将学习智能汽车驱动电机系统传感器检测，具体内容如下：

工作任务 2-1
驱动电机系统传感器检测

职业能力 2-1-1　正确检测电流传感器

一、核心概念

电流传感器；霍尔效应。

二、学习目标

知识目标：能够说出电流传感器的类型；能够阐述各类电流传感器的工作原理。

技能目标：能够区分各类传感器的特点和在新能源汽车上的应用；能使用诊断仪、电流钳、万用表对电机控制器进行电流传感器检测。

素养目标：培养学生批判性思维以及利用数学工具和资源解决问题的能力。

扫一扫

微课：电流传感器检测

三、基本知识

汽车电流传感器可以用来检测电路中的电流大小。智能汽车及新能源汽车广泛采用电子控制系统，若需要大量精确监测电路电流的场景，就需要电流传感器来检测电路电流。

1. 电流传感器的基本概念

（1）**电流传感器**　电流传感器是一种检测装置，能感受到被测电流的信息，并能将检测感受到的信息，变换成为符合标准需要的电信号或其他所需形式的信息输出，以满足信息的传输、处理、存储、显示、记录和控制等要求。

（2）**霍尔效应**　常见的电流传感器采用霍尔式电流传感器，学习电流传感器的检测，就需要了解霍尔效应。霍尔装置由半导体元件和永久磁铁构成。

霍尔式电流传感器工作原理如图 2-1-1-1 所示，当电流垂直于磁场通过导体时，在导体内的电子会发生定向移动，这样会使得垂直于磁场和电流方向的两个端面之间出现电压，这个电压称为霍尔电压，这种现象称为霍尔效应。

霍尔元件产生的霍尔电压的大小与通过霍尔元件的磁力线有关。

霍尔电压较低时如图2-1-1-2所示，霍尔元件受到电源的作用，同时磁铁产生的磁力线通过霍尔元件，当齿轮的空隙对准霍尔元件时，仅较少的磁力线通过霍尔元件，此时霍尔电压较低，输出为低电平。

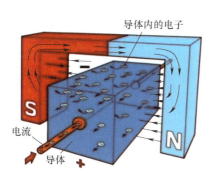

图2-1-1-1 霍尔式电流传感器工作原理

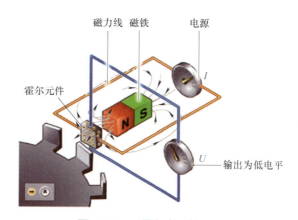

图2-1-1-2 霍尔电压较低时

霍尔电压较高时如图2-1-1-3所示，当齿轮的齿对准霍尔元件时，磁力线集中穿过霍尔元件，可产生较大的霍尔电动势，霍尔电压较高，放大、整形后输出为高电平。

根据霍尔效应这个特点，可以通过检测霍尔元件的输出电压特征来判断运动件的位置和速度，所以其在汽车上得到了广泛应用。

2. 电流传感器的类型与结构

动力蓄电池管理模块需要随时监控高压导线中电流的大小，当电流过大时，动力蓄电池管理模块执行过电流控制，此时动力蓄电池系统降功率运行或不输出功率。电动汽车常用的电流传感器有电阻分流器式和霍尔式。

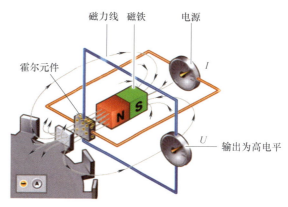

图2-1-1-3 霍尔电压较高时

（1）电阻分流器式电流传感器 分流器是根据直流电流通过电阻时电阻两端产生电压差的原理制作而成。

分流器实际上是一个阻值很小的电阻，当有直流电流通过时，电阻产生电压降，电流监测模块根据电压降来计算电流的大小。分流器在低频率、小幅值电流测量中表现出很高的精度和较快的响应速度，电阻分流器式电流传感器如图2-1-1-4所示。

在新能源汽车领域中，在不涉及测量电路与被测电流之间电隔离的情况下，分流器是将电流信号转变成电压信号的低成本方案。

（2）霍尔式电流传感器 霍尔式电流传感器又分为开环式霍尔电流传感器和闭环式霍尔电流传感器。

霍尔式电流传感器如图2-1-1-5所示，电流传感器由磁体、霍尔元件（内带放大电路）、电流载体等部件组成。

图 2-1-1-4　电阻分流器式电流传感器

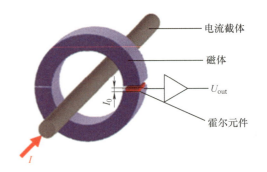

图 2-1-1-5　霍尔式电流传感器结构

被测的电流载体穿过导磁体，在导磁体内产生磁场，磁力线集中在磁芯气隙周围，内置在磁芯气隙中的霍尔元件可产生和磁力线成正比的电压。通过电压的大小可以判断电流载体中的电流大小。

3. 电流传感器的工作原理

下面主要介绍霍尔式电流传感器，它是按照霍尔效应原理制成的，同时根据安培定律，当载流导体有电流通过时，在载流导体周围会产生正比于该电流的磁场，而霍尔器件则用来测量这一磁场，因此，使电流的非接触测量成为可能。霍尔式电流传感器是通过测量霍尔电动势的大小来间接测量载流导体电流的大小。

（1）开环式霍尔电流传感器工作原理　如图 2-1-1-6 所示，当测量电流（一次电流 I_p）流过位于聚磁环内的导线时，会在导线周边产生一个磁场，磁场大小与电流大小成正比关系。聚磁环气隙内的霍尔元件监测此磁场强度，从而产生与电流大小对应的霍尔电压，霍尔电压经过放大电路处理后，输出电流大小、方向等信息。

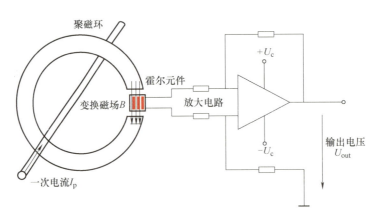

图 2-1-1-6　开环式霍尔电流传感器

（2）闭环式霍尔电流传感器工作原理　开环式霍尔电流传感器的缺点是它的测量范围和带宽受到一定限制，增加二次绕组后的磁平衡式闭环霍尔电流传感器可进一步提升测量范围和带宽。

如图 2-1-1-7 所示，一次电流在聚磁环处产生的磁场通过一个二次电流所产生的磁场进行补偿，补偿的二次电流 I_s 精确地反映了一次电流的强度。

和开环式霍尔电流传感器相比较，闭环式是在聚磁环上缠绕的二次绕组的输出端接入放大反馈调节电路。当一次电流 I_p 通过时，电流磁场触发霍尔元件产生霍尔电压，霍尔电压放大后驱动后级的晶体管，晶体管导通输出二次电流 I_s 到二次绕组，此时二次绕组产生与一次电流磁场相反的磁场，使得作用在霍尔元件上的磁场减小，当两个相反磁场相互抵消时，晶体管二次电流 I_s 的大小即反映出一次电流的大小。

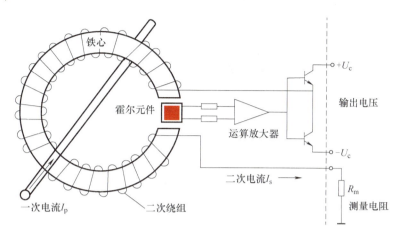

图 2-1-1-7 闭环式霍尔电流传感器

（3）蓄电池监控传感器工作原理　蓄电池监控传感器用于辅助蓄电池的电源管理。

电流在蓄电池负极处进行测量，流入蓄电池负极的总电流流经蓄电池监控传感器中的 1 个霍尔元件，作用在霍尔元件上的电流与输出电压成正比，CPU 通过测量该电压，可以计算出回流到蓄电池中的电流，如图 2-1-1-8 所示。

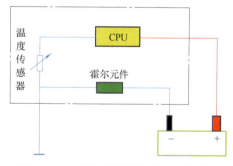

图 2-1-1-8 蓄电池监控传感器工作原理

4. 电流传感器的应用

电流传感器可以测量的电流范围非常宽，直流电或几万伏的交流电都可以检测。汽车上的电流传感器监测的是直流电流。常见的电流传感器有蓄电池监控传感器、动力蓄电池电流传感器等。

（1）高压系统部件电流传感器　电流传感器安装在高压导线上，其根据检测系统的不同，安装位置有所不同，例如监测蓄电池充放电电流的电流传感器安装在蓄电池桩头上，动力蓄电池电流传感器安装在动力蓄电池箱体内部的母线上，用来监测充放电电流、保证单体蓄电池间的充电均衡、估算动力蓄电池的性能状态。

电流传感器安装位置如图 2-1-1-9 所示，驱动电机电流传感器通常安装在电机控制器内部，用以监测通过驱动电机的电流。

（2）蓄电池监控传感器　蓄电池监控传感器（也称为智能电池传感器），如图 2-1-1-10 所示。该传感器安装在蓄电池负极上，用于识别蓄电池状态，测量的参数主要有蓄电池电流（充电和放电电流），除此之外，它还具有监测蓄电池的电压及温度、确保蓄电池处于最佳充电状态、实现低压电源管理的功能。

5. 电流传感器的检测方法

当系统报电流传感器故障或电流异常故障时，故障原因可能是传感器本身及其监测电路故障，也可能是动力蓄电池系统故障导致电流过大或者过小。

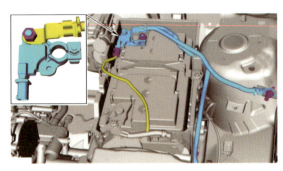

图 2-1-1-9　电流传感器安装位置　　　　图 2-1-1-10　蓄电池监控传感器

故障原因：

1）霍尔传感器及其输入输出电路故障。

2）霍尔传感器装反。

3）动力蓄电池系统故障导致电流过大或者过小，比如直流充电时如果 BMS 需求电压或电流为 0 时，充电机按最小输出能力输出。

（1）数据对比检测　对于电流传感器，采用万用表、钳形电流表（图 2-1-1-11）和诊断仪读取数据流相结合的方式进行传感器的性能检测。

首先通过诊断仪读取动力蓄电池电流的数据流，并与钳形电流表检测的电流进行对比，检查是否一致。如果一致，需要检查动力蓄电池供电系统是否正常；如果不一致，需要检查电流传感器及其电路是否正常。

（2）电路检测　检查传感器外观及电路是否正常，如果正常，可以利用万用表对传感器进行检查。

对于电阻分流器式电流传感器，用万用表检查分流器电阻及其监测电路是否存在虚接、开路或搭铁短路的情况。

霍尔式电流传感器属于有源传感器，在进行检查时应首先判断其电源和搭铁是否正常，在电源和接地正常的情况下如果信号电压异常，则应更换传感器。

电路检测方法以图 2-1-1-12 所示电路图为例，断开电流传感器的插头，测量信号 1 针脚搭铁电压应在 0.5~4.5V 之间。如果电压低于 0.5V，说明电路之间可能存在电阻，如电压大于 5V，说明电路对电源短路。

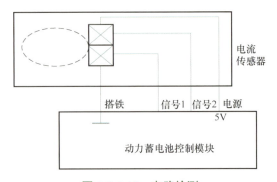

图 2-1-1-11　钳形电流表　　　　图 2-1-1-12　电路检测

通过图 2-1-1-13 所示电路图，可以发现智能电池传感器电路外接两根硬线，分别为电源线和 LIN 通信线。

项目02　智能汽车驱动电机系统传感器检测

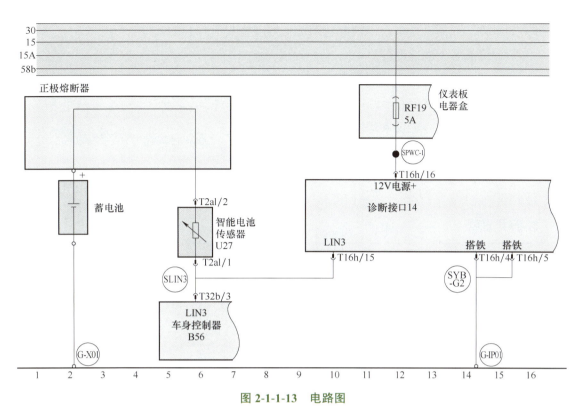

图 2-1-1-13　电路图

对传感器电源电路进行检测，打开起动开关，不起动车辆，测量数值应为蓄电池电压；如果没有电压，需要检查传感器到熔断器电路；测量 LIN 电路，输出电压信号应为 0~12V 的电压，且电压有规律变动，如果没有电压，说明传感器故障。

四、能力训练

任务描述：
使用诊断仪、钳形电流表、万用表对电机控制器进行电流传感器检测。

1. 操作条件

工具资料	名　　称	规　　格	备　　注
资料	车型维修手册	电子版或纸质版	对应车型及年款
	技术快讯	对应车型	根据实际情况确定有无
工具与设备	诊断仪	匹配车型版本	
	钳形电流表	适用于高压系统检测	带有高压绝缘检测仪功能
	万用表		
	手动工具	带有绝缘材料	套装
操作对象	电机控制器		

2. 安全及注意事项

1）检测前确保高压电路处于断开状态。

2）应穿戴好绝缘手套并铺设绝缘垫。

3）在拆卸前要彻底清洁连接处、维护开口及其周围区域。

4）将拆下的部件放在干净的垫子上并盖住。请勿使用容易掉毛的抹布。

5）如果无法立即进行维修，则要仔细地盖好或密封已打开的部件。
6）只允许安装干净的部件。
7）除非明确提出，检测过程中不要移动车辆。
8）请勿使用无包装保存（例如在工具箱内等）的部件。
9）只有在安装前才能拆下运输保护包装和密封盖。
10）不能用压缩空气直接吹向打开的总成或部件内部。
11）检测过程中确保诊断仪等检测工具不被人为损坏。
12）测量完毕后，检测设备放回原位，严禁随意摆放。

3. 操作过程

序号	步骤	操作方法及说明	质量标准
1	读取数据流	连接诊断仪，进行电机控制器的数据流读取，在数据流中，确认电流传感器的工作数值	（诊断仪数据流截图，显示MCU低压供电电源电压 0.2V、MCU电机有效信息 0.6A、加速踏板开度 0.0、制动踏板信号 0、MCU U相电流 0.4A、MCU V相电流 0.3A、MCU W相电流 0.2A、U相电流采样值 2.5V 等）
2	确认电流值	1）用钳形电流表包住高压母线 2）在相同工作条件下读取钳形电流表的电流值 3）确认与数据流的电流值是否一致	钳形电流表的读数应与数据流的显示值一致
3	分析数据	1）如果一致，说明动力蓄电池供电电路正常 2）如果不一致，需要检查电流传感器及其电路是否正常	如果不一致，则进入下一步检测
4	检测电流传感器电压	1）操作起动开关使电源模式至 OFF 状态 2）断开驱动电机线束插接器 3）打开起动开关	1）使用万用表测量 4# 端子，电压应该为 5V 2）测量 2# 针脚搭铁电压应在 0.5~4.5V 之间。如果该电压低于 0.5V，说明电路之间可能存在电阻，如电压大于 5V，说明电路对电源短路

项目02　智能汽车驱动电机系统传感器检测

（续）

序号	步　骤	操作方法及说明	质　量　标　准
5	检测电流传感器电路的导通状态	操作起动开关使电源模式至OFF状态 （电流传感器与电机控制器连接示意图，端子1 2 3 4，5V，R）	1）使用万用表电阻档测量模块4#端子到传感器的阻值，阻值应该小于0.1Ω，否则说明导线老化开路 2）使用万用表电阻档测量模块2#端子到传感器的导通情况，阻值应该小于0.5Ω，否则说明导线老化开路

情境问题一：

动力蓄电池母线上的电流传感器测量精度对其SOC（剩余电量）计算有什么影响？

提示：动力蓄电池系统是新能源车非常核心的部分，其中SOC（剩余电量）计算是关键技术之一，它不仅影响着续驶里程计算的准确性，更关系着整个蓄电池包的安全与寿命。蓄电池包过充电过放电都会对电芯造成不可逆的损伤，因此对于动力蓄电池的使用都会留有部分余量，称为SOC可用范围。SOC计算具有不确定度，不确定度越大，SOC可用范围就变相缩小。SOC的不确定度一方面与BMS算法相关，另一方面直接受限于电流传感器的测量精度。电流传感器测量精度越高，SOC不确定度越低，SOC可用范围越大，蓄电池包的利用率相应越高。

情境问题二：

BMS的高精度电流传感器除了具备检测电流大小的功能，还有什么功能？

提示：电流传感器具有温度修正功能。通过一个温度传感器可建立整个电流传感器（包括传感元件与测量电路）的温度修正模型。温度修正功能不但大幅提高了BMS对蓄电池管理的精度，而且降低了物料的温漂要求，节省了成本。电流传感器带诊断功能，能够大大提升电流信号的可靠性。

4. 学习结果评价

序号	评价内容	评价标准	评价结果(是/否)
1	电流传感器的数据读取	能够快速进入电流传感器数据读取路径	
2	钳形电流表测量母线电流	能够规范地使用钳形电流表进行母线电流检测	
3	数据流和测量数据分析	能够进行数据流和检测值的分析，确定故障检查方向	
4	进行电流传感器电压的检查	能够按照电流图和维修手册对电流传感器的电压进行检查	
5	进行电流传感器电路导通的检查	能够按照电流图和维修手册对电流传感器外接电路导通性进行检查	
6	信息检索的使用	能够使用正确的关键词获取所需的学习信息	
7	信息的传达	能够清晰明确地表达自己的想法	
8	工作方法改进的意识	能够根据任务完成的结果制订有效的优化方案	
9	安全操作规范	能够按安全操作规范使用工量具	

五、课后作业

1. 根据学习内容，请把右侧霍尔式传感器结构部件名称填入左侧图注括号里。

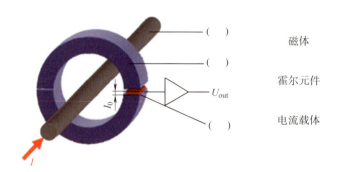

磁体

霍尔元件

电流载体

2. 根据学习内容，完善下列检测过程中的关键信息。

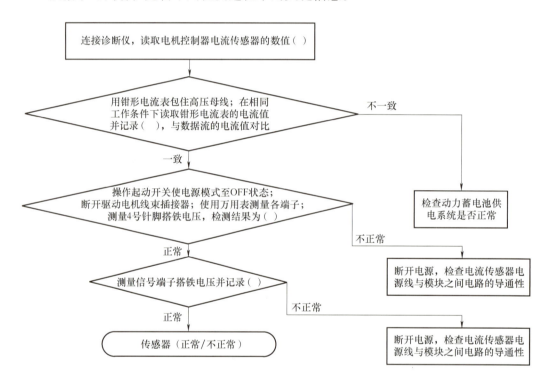

职业能力 2-1-2　正确检测旋变传感器

一、核心概念

旋变传感器；励磁绕组。

二、学习目标

知识目标：能够准确描述读取旋变传感器故障码的方法；能够阐述电机旋变传感器的拆装安全注意事项。

技能目标：能够读取旋变传感器的故障码；能够执行旋变传感器的拆装和检测。

素养目标：培养学生自主学习和自我发展的能力，培养高压安全意识。

三、基本知识

1. 旋变传感器的应用场合

智能汽车及新能源汽车广泛采用驱动电机作为动力装置，驱动车辆行驶。驱动电机转子高转速运行，需要测量转速与位置的传感器能够在高速与振动的情况下可靠地测量，通常采用旋变传感器。

扫一扫

动画：旋变传感器工作原理

2. 旋变传感器的结构与功能

（1）**旋变传感器的结构**　旋变传感器主要由励磁绕组、传感绕组（正弦绕组、余弦绕组）、信号靶轮和金属托架组成，如图 2-1-2-1 所示，其中，信号靶轮为驱动电机转子。

（2）**旋变传感器的功能**　旋变传感器又称电机转速位置传感器，通常应用在电动汽车上，旋变传感器安装在驱动电机转子轴端，如图 2-1-2-2 所示，其功能是用于检测驱动电机转速与位置，驱动电机依靠该传感器提供控制信息。

图 2-1-2-1　旋变传感器结构

图 2-1-2-2　旋变传感器的安装位置

3. 旋变传感器的工作原理

旋变传感器是一种利用气隙磁阻变化而输出信号变化的旋转变压器，它依据电磁感应原理和利用气隙变化导致磁阻变化的原理，使输出绕组的感应电压随凸轮转角变化而产生正弦和余弦变化的波形。

（1）**旋变传感器的工作原理**　如图 2-1-2-3 所示，当驱动电机控制模块以一定频率的交流电压给励磁绕组供电时，位于中心的转子（信号轮）也会产生磁场。转子有椭圆形凸起，使得转子磁场分布不均匀，当转子转动时，转子磁场会发生强弱不同的变化，其他两组传感绕组即产生交流电压信号，电压幅值与转子转角成正余弦函数关系，或保持某一比例关系，或在一定转角范围内与转角呈线性关系。

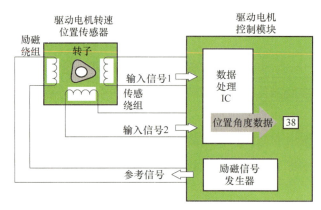

图 2-1-2-3　旋变传感器的工作原理

（2）旋变传感器的信号特征　如图 2-1-2-4 所示，旋变传感器信号特征与磁电式曲轴位置传感器类似，为交流电压信号，其不同点在于两组传感器以正余弦波形形式存在，即两个传感器安装位置有偏差，可识别驱动电机转动方向，而转速可通过信号电压及频率的高低进行识别。

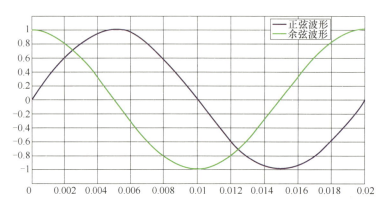

图 2-1-2-4　旋变传感器的信号特征

4. 旋变传感器的应用

旋变传感器因其特殊的功能特点，在当前汽车领域，主要应用于新能源汽车动力驱动系统，对驱动电机的位置、转速和方向进行识别。

图 2-1-2-5 所示为驱动电机后端的旋变传感器，用于监测驱动电机的转速、位置和旋转方向。

驱动电机控制模块利用旋变传感器信号精确地控制驱动电机的转动方向与速度。旋变传感器可以用于车速信号计算。旋变传感器在售后服务过程中不能单独进行更换，只能更换驱动电机总成。

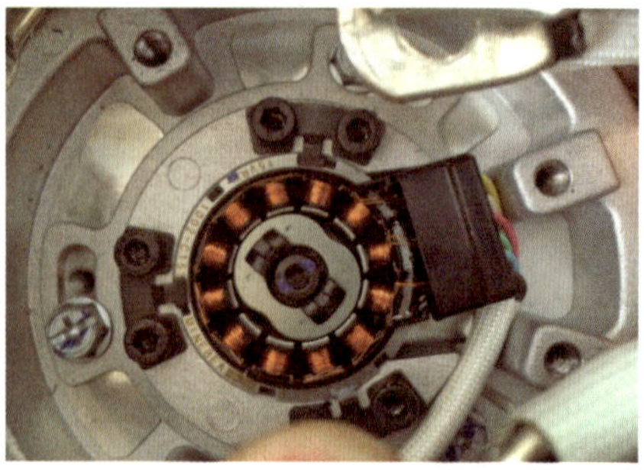

图 2-1-2-5　旋变传感器

5. 旋变传感器的检测方法

旋变传感器常见故障通常有以下两种：一种是驱动电机旋变传感器故障，另一种是旋变传感器电路故障。无论哪一种故障，都将会导致驱动电机系统无法起动或驱动电机输出转矩偏小等现象。对旋变传感器故障的检测，可采取以下几种方法。

（1）电压检测　以图 2-1-2-6 电路图为例，对旋变传感器正弦、余弦信号其中一条进行测量，在驱动电机运转时，电压应为交流电压，且随驱动电机转速升高而升高。

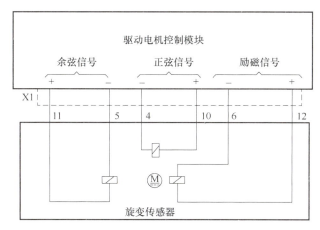

图 2-1-2-6　旋变传感器的电压检测

4、10—正弦绕组信号　5、11—余弦绕组信号　6、12—励磁绕组信号

（2）电阻检测　旋变传感器主要为绕组结构（图2-1-2-7），可用万用表电阻档测量传感器的3组绕组阻值来判断其是否存在故障，断开旋变传感器插头测量阻值。

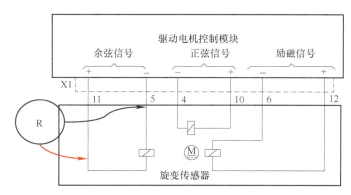

图 2-1-2-7　旋变传感器的电阻检测

测量余弦绕组11号和5号针脚之间电阻，阻值应为15Ω左右。测量正弦绕组4号和10号针脚之间电阻，阻值应为15Ω左右。测量励磁绕组6号和12号针脚之间电阻，阻值应为10Ω左右。

（3）波形检测　图2-1-2-8所示为旋变传感器波形信号，黄色为励磁信号，蓝色为正弦信号，紫色为余弦信号，当驱动电机转速升高时，正弦和余弦信号波形幅值和频率会随之增加。

图 2-1-2-8　旋变传感器波形信号

四、能力训练

任务描述：

对上汽荣威 eRX5 的驱动电机进行旋变传感器的检测。

1. 操作条件

工具资料	名　　称	规　　格	备　　注
资料	车型维修手册	电子版或纸质版	对应车型及年款
	技术快讯	对应车型	根据实际情况确定有无
工具与设备	诊断仪	匹配车型版本	
	万用表	适用于高压系统检测	带有高压绝缘检测仪功能
	手动工具	带有绝缘材料	套装
操作对象		荣威 eRX5 的驱动电机	

2. 安全及注意事项

1）检测前确保高压电路处于断开状态。

2）学员应穿戴好绝缘手套并铺设绝缘垫。

3）在拆卸前要彻底清洁连接处、维护开口及其周围区域。

4）将拆下的部件放在干净的垫子上并盖住。请勿使用容易掉毛的抹布。

5）如果无法立即进行维修，则要仔细地盖好或密封已打开的部件。

6）只允许安装干净的部件。

7）请勿使用无包装保存（例如在工具箱内等）的部件。

8）只有在安装前才拆下运输保护包装和密封盖。

9）对于打开的装置，不得用压缩空气工作，不要移动车辆。

10）检测过程中确保诊断仪等检测工具不被人为损坏。

11）测量完毕后，检测设备放回原位，严禁随意摆放。

3. 操作过程

序号	步　骤	操作方法及说明	质量标准
1	确认安装位置	旋变传感器安装在驱动电机尾部内侧，需要分解驱动电机后方可查看到传感器	

（续）

序号	步骤	操作方法及说明	质量标准
2	确认故障码	1）连接故障诊断仪至诊断测试接口 2）操作起动开关使电源模式至 ON 状态 3）起动并运行至少 5min 4）路试车辆至少 10min 5）对控制系统进行故障码读取，确认系统是否有此诊断的故障码输出	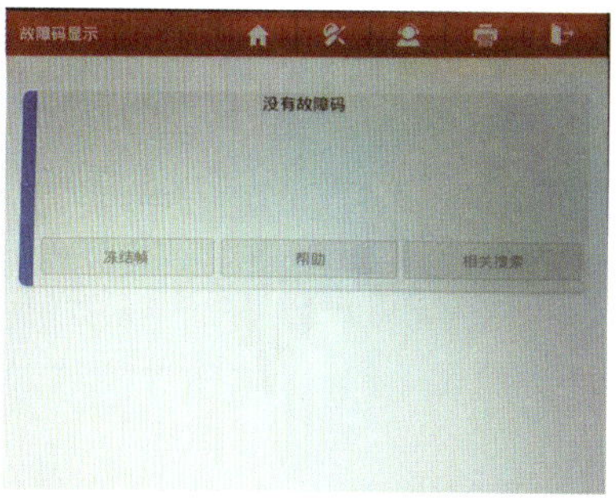
3	检查驱动电机设备的外观连接	1）检查驱动电机线束插接器有无损坏、接触不良、老化、松脱等迹象 2）确认以上检查是否正常	
4	检查驱动电机旋变传感器余弦绕组电路	1）操作起动开关使电源模式至 OFF 状态 2）断开驱动电机线束插接器 3）使用万用表测量 3、4 端子 4）检查旋变余弦绕组电阻 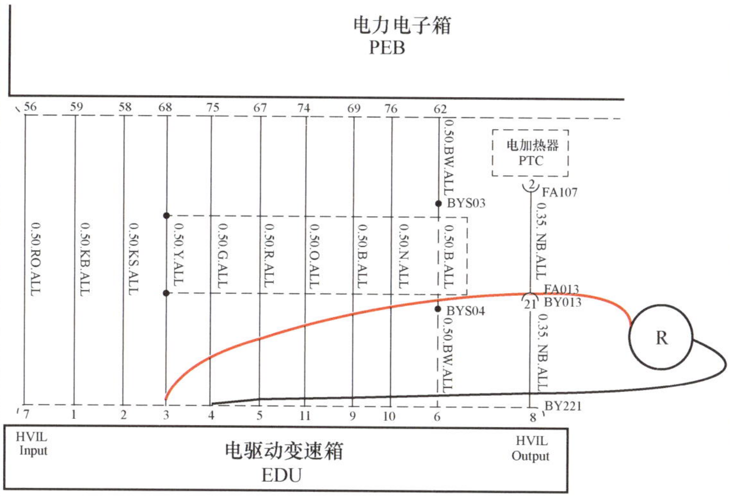	标准值：（55±1.5）Ω

(续)

序号	步骤	操作方法及说明	质量标准
5	检查驱动电机旋变传感器正弦绕组电路	1）操作起动开关使电源模式至OFF状态 2）断开驱动电机线束插接器 3）使用万用表测量9、10端子 4）检查旋变正弦绕组电阻 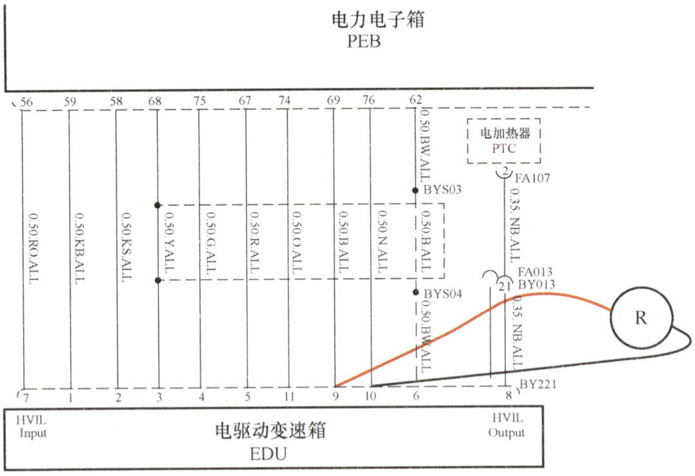	标准值：（50±1.5）Ω
6	检查驱动电机旋变传感器励磁绕组电路	1）操作起动开关使电源模式至OFF状态 2）断开驱动电机线束插接器 3）使用万用表测量5、11端子 4）检查旋变传感器励磁绕组电阻 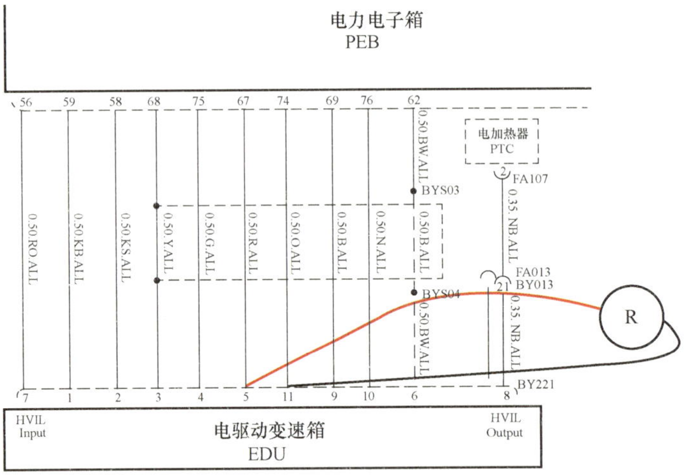	标准值：（30±1.5）Ω
7	更换驱动电机	1）通过测量电阻发现异常，拆卸驱动电机进行更换 2）确认驱动电机线束正常	

(续)

序号	步骤	操作方法及说明	质量标准
8	消除故障码	1）连接故障诊断仪至诊断测试接口 2）操作起动开关使电源模式至 ON 状态 3）清除故障码 4）起动并运行至少 5min 5）路试车辆至少 10min 6）再次对控制系统进行故障码读取，确认系统是否有故障码输出	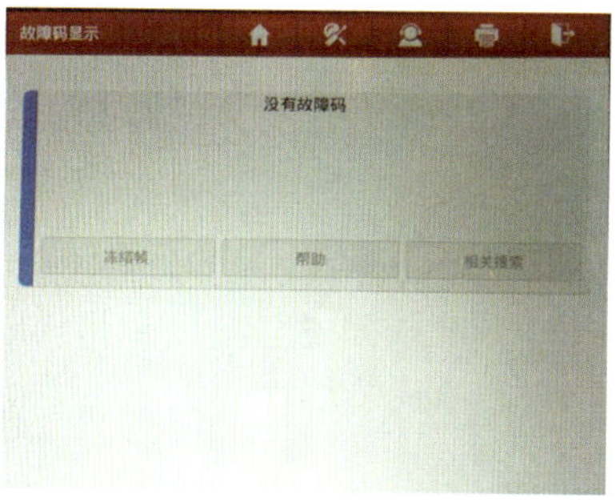

情境问题一：

电动汽车车型在更换电机控制器和驱动电机后，其旋变传感器一般需要重新标定，标定的目的是什么？

提示：标定时驱动电机偏移角写入数值，用于判断传感器相对驱动电机转子的相对位置。

情境问题二：

吉利纯电动车型在售后服务站更换新的驱动电机或者电机控制器后，需要进行标定吗？

提示：一般车型需要进行标定，而吉利车型不需要进行旋变传感器的标定。但是如果更换的是拆车件的驱动电机或者电机控制器，则需要进行旋变传感器的标定。

4. 学习结果评价

序号	评价内容	评价标准	评价结果（是/否）
1	旋变传感器的故障码识读	能够对照使用手册正确识读旋变传感器的故障码	
2	旋变传感器的外围连接情况检查	能够对旋变传感器外围电路进行外观连接检查	
3	旋变传感器的各组绕组阻值测量	能够正确利用万用表进行各个绕组的阻值检测	
4	更换驱动电机后对传感器外接电路的检查	能够按照维修要求对更换的驱动电机进行外接电路的连接检查	
5	更换传感器后故障码的清除	能够利用诊断仪正确进行故障码的清除	
6	信息检索的使用	能够使用正确的关键词获取所需的学习信息	
7	信息的传达	能够清晰明确地表达自己的想法	
8	工作方法改进的意识	能够根据任务完成的结果制订有效的优化方案	
9	安全操作规范	能够按安全操作规范使用工量具	

五、课后作业

1. 根据学习内容，请把旋变传感器波形名称与波形用直线连接起来。

励磁信号

余弦信号

正弦信号

2. 根据学习内容，完善下列检测过程中的关键信息。

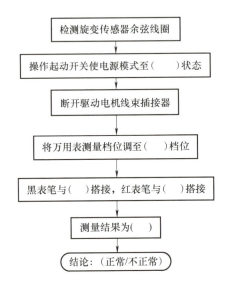

3. 根据旋变传感器余弦绕组检测的过程，制订旋变传感器正弦绕组检测的方案。

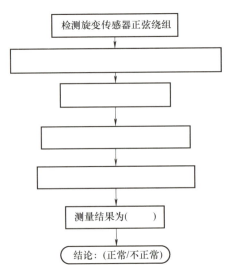

工作任务 2-2
加速踏板位置传感器检测

职业能力 2-2-1　正确检测霍尔式加速踏板位置传感器

一、核心概念

霍尔效应在加速踏板传感器中的应用。

二、学习目标

知识目标：能够解释霍尔式加速踏板位置传感器的结构特点及其在汽车上的应用；能够描述检测霍尔式加速踏板位置传感器的方法。

技能目标：能够使用诊断仪和万用表对加速踏板位置传感器进行数据流、电路和波形的检测。

素养目标：培养学生管理时间和资源的能力，提高工作效率。

三、基本知识

霍尔式传感器通常用于识别移动部件的位置，利用霍尔效应原理工作，属于非接触式传感器，优点是非接触运行、对温度变化不敏感，具有较好的抗振性。由于加速踏板经常处于运动状态，适合采用非接触的霍尔式传感器。

1. 霍尔式加速踏板位置传感器的跛行模式和加速（运动）模式

霍尔式加速踏板位置传感器内部有两个功能相同的霍尔式传感器。在车辆使用过程中，如果其中一个传感器电路出现故障，控制单元会检测两个传感器电路之间不正常的信号电压差，并切换到跛行模式。在跛行模式中，正常工作的电路被用来计算加速踏板开度，从而在跛行模式控制下运行车辆。

汽车跛行模式是指当汽车 ECU 中的电控单元出现故障时，ECU 自动启用后备控制电

扫一扫

视频：霍尔式轮速传感器检测

路对车辆进行简单控制,使汽车可以开回家或是到附近的汽修厂进行修理。

汽车加速(运动)模式是指通过对加速踏板位置和运动速度的准确描述,传递驾驶人当前意图。

2. 霍尔式加速踏板位置传感器的功能与结构

(1)霍尔式加速踏板位置传感器的功能　霍尔式传感器采用霍尔效应半导体材料制成,可以应用于测量元件的转速、位置、行程等参数,在现代汽车中,霍尔式加速踏板位置传感器用于检测加速踏板的位置信号。

传感器安装位置如图 2-2-1-1 所示,加速踏板安装于驾驶人脚下,加速踏板内部集成有两个位置传感器,采用冗余控制,用于测量加速踏板的位置,反映驾驶人的意图,将加速踏板的机械位置变化成电信号并发送给控制单元,以对驱动电机的控制电流大小进行控制,实现驱动电机动力输出的调节。

(2)霍尔式加速踏板位置传感器的结构　霍尔式加速踏板位置传感器(图 2-2-1-2)主要由踏板联动装置、回位弹簧、霍尔 IC 芯片总成、信号转子等部件组成,其中霍尔 IC 芯片总成内部包含有两个霍尔式传感器,信号转子与踏板联动装置相连。

图 2-2-1-1　霍尔式加速踏板位置传感器安装位置

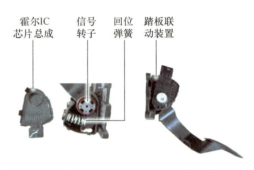

图 2-2-1-2　霍尔式加速踏板位置传感器结构

3. 霍尔式加速踏板位置传感器的工作原理

如图 2-2-1-3 所示,踩下加速踏板,信号转子动作,进而与霍尔式加速踏板位置传感器的相对位置改变,使霍尔式加速踏板位置传感器输出的电压发生变化。通过电压的变化,就可以反映出加速踏板的位置。

当踩下加速踏板时,其中一个霍尔式加速踏板位置传感器 P_1 的信号增加率是另外一个霍尔式加速踏板位置传感器 P_2 信号的两倍,即 $P_1=P_2\times 2$。

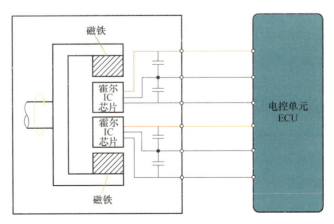

图 2-2-1-3　霍尔式加速踏板位置传感器工作原理

4. 霍尔式加速踏板位置传感器的应用

霍尔式传感器在车辆上的应用十分广泛，除了霍尔式加速踏板位置传感器和之前介绍的霍尔式电流传感器，采用霍尔式传感器的还有车身高度传感器、电动门窗位置传感器、行李舱门位置传感器、轮速传感器、制动踏板位置传感器等。在车辆上，依据传感器类型不同，既有两线制霍尔式传感器，也有三线制霍尔式传感器，其原理均相同。

电动汽车上的加速踏板位置传感器，其本质是一个无触点霍尔式传感器，如图 2-2-1-4 所示，驾驶人通过脚踩加速踏板传递驾驶意图，一方面是目标车速，另一方面是加速度。

这两个参数对应到加速踏板上，就体现为开度和开度的变化率。通过对加速踏板位置和运动速率的准确描述，就能传递驾驶人当前意图。

图 2-2-1-4　无触点霍尔式传感器

> **知识拓展：霍尔效应在汽车其他传感器上的应用**

（1）**制动踏板位置传感器**　图 2-2-1-5 所示为吉利星越车型制动踏板，其内部集成有制动踏板位置传感器。车辆在滑行或制动时，整车控制器（VCU）根据当前动力蓄电池状态和制动踏板位置信号，计算能量回收转矩并发送指令给电机控制器，启动能量回收。制动能量回收传递路线与能量消耗相反。制动能量回收过程中驱动电机消耗车轮旋转的动能发出交流电，再输出给电机控制器，电机控制器将交流电转换成直流电给动力蓄电池充电。

（2）**车身高度传感器**　车身高度传感器的功用是采集车身高度信号，并输入到底盘控制模块中，以便控制底盘悬架系统使车身保持动态稳定。

车身高度传感器总成包含壳体、电子电路、霍尔式传感器、信号转子及传动杆等部件（图 2-2-1-6）。其中电子电路、霍尔式传感器及信号转子位于壳体内部，而信号转子与传动杆相连。

图 2-2-1-5　吉利星越车型制动踏板

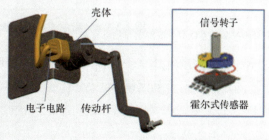

图 2-2-1-6　车身高度传感器

5. 霍尔式加速踏板位置传感器的检测方法

霍尔式加速踏板位置传感器的故障表现主要有：霍尔式传感器内部故障、霍尔式传感器电路故障、霍尔式传感器间隙过大。下面以吉利星越的霍尔式加速踏板位置传感器的检测方法为例进行介绍。

（1）**数据流检测** 对霍尔式加速踏板位置传感器的数据流分析如下：

如图2-2-1-7所示，加速踏板位置传感器1的信号电压是加速踏板位置传感器2的2倍，数值随着加速踏板位置的改变而变化，两个传感器始终保持2倍关系。如果数据流与上述情况不相符，需要进行传感器电路检测。

（2）**电路检测** 以图2-2-1-8传感器电路图为例，对霍尔式加速踏板位置传感器的电路诊断流程如下：

1）测量1号、2号端子电压值为5V；3号、5号端子为搭铁；4号、6号端子为信号输出。

图 2-2-1-7 霍尔式加速踏板位置传感器的数据流

2）测量4号、6号端子电压输出，4号端子正常电压值为0.9~2V，完全踩下加速踏板时电压值≥4V；6号端子正常电压值为0.4~1.0V，完全踩下加速踏板时电压值≥3.6V。变化过程中，4号端子电压基本保持是6号端子电压的2倍。

3）如果测量数值与标准值不相符，说明传感器损坏。

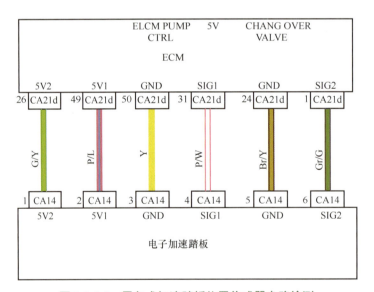

图 2-2-1-8 霍尔式加速踏板位置传感器电路检测

（3）**波形检测** 图2-2-1-9所示为霍尔式加速踏板位置传感器的波形。连接诊断仪，打开起动开关，松开加速踏板，APP1正常电压值为0.9~1.2V，完全踩下加速踏板时电压值≥4V；打开起动开关，松开加速踏板，APP2正常电压值为0.4~1.0V，完全踩下加速踏板时电压值≥2.5V。

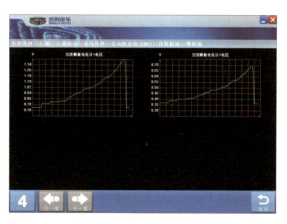

图 2-2-1-9　霍尔式加速踏板位置传感器波形检测

四、能力训练

任务描述：

利用诊断仪和万用表对荣威 eRX5 加速踏板位置传感器进行数据流、电路和波形的检测。

1. 操作条件

工 具 资 料	名　　称	规　　格	备　　注
资料	车型维修手册	电子版或纸质版	对应车型及年款
	技术快讯	对应车型	根据实际情况确定有无
工具与设备	示波器	配有各种适配器和探针	—
	万用表	适用于高压系统检测	带有高压绝缘检测仪功能
	手动工具	带有绝缘材料	套装
操作对象	荣威 eRX5		

2. 安全及注意事项

1）检测前确保高压电路处于断开状态。

2）应穿戴好绝缘手套并铺设绝缘垫。

3）在拆卸前要彻底清洁连接处、维护开口及其周围区域。

4）将拆下的部件放在干净的垫子上并盖住。请勿使用容易掉毛的抹布。

5）如果无法立即进行维修，则要仔细地盖好或密封已打开的部件。

6）只允许安装干净的部件。

7）除非明确提出，检测过程中不要移动车辆。

8）请勿使用无包装保存（例如在工具箱内等）的部件。

9）只有在安装前才拆下运输保护包装和密封盖。

10）不能用压缩空气直接吹向打开的总成或部件内部。

11）检测过程中确保诊断仪等检测工具不被人为损坏。

12）测量完毕后，检测设备放回原位，严禁随意摆放。

3. 操作过程

序号	步　骤	操作方法及说明	质　量　标　准
1	读取数据流	1）连接故障诊断仪至诊断测试接口 2）操作起动开关使电源模式至 ON 状态 3）进入诊断仪数据流读取界面 4）读取加速踏板位置传感器 1 和 2 位置的数据流 5）缓慢连续踩下加速踏板至 100% 6）可以在诊断仪中把数据流进行波形转化，通过加速踏板的变化，观察数据变化	
2	检测电路	加速踏板变化过程中，测量端子 4 对端子 3 电压 U_1 和端子 6 对端子 5 电压 U_2	1）用探针连接传感器的两个电源线 1 号和 2 号；标准值为 5V 2）用探针连接传感器的两个信号线 3）U_1 正常电压值为 0.6~1.2V，完全踩下加速踏板时电压值为 4~4.5V 4）U_2 正常电压值为 0.3~0.6V，完全踩下加速踏板时电压值为 2~2.25V 5）U_1 电压始终是 U_2 电压的 2 倍
3	检测波形	1）用通道 1 连接传感器信号线 APP1 2）用通道 2 连接传感器信号线 APP2 3）打开起动开关，踩动加速踏板，观察两个信号线波形的变化 4）波形电压 APP1 是波形电压 APP2 的 2 倍	

情境问题一：

每个单一霍尔式传感器外接硬线都是三根线吗？

提示：霍尔式轮速传感器两根线。

情境问题二：

霍尔式传感器信号变化都是线性的吗？

提示：霍尔式传感器信号作为加速踏板位置传感器是线性变化，作为轮速传感器时采用的是频率变化特性，通过频率的信息反映轮速的大小。

4. 学习结果评价

序号	评价内容	评价标准	评价结果(是/否)
1	加速踏板位置传感器的数据流读取	能够快速进入加速踏板位置传感器的数据流读取界面	
2	加速踏板位置传感器的电路情况检查	能够对加速踏板位置传感器电路进行电压和信号线电路检查	
3	加速踏板位置传感器的波形检查	能够正确利用示波器调取加速踏板位置传感器的波形，并根据波形进行传感器性能判断	
4	信息检索的使用	能够使用正确的关键词获取所需的学习信息	
5	信息的传达	能够清晰明确地表达自己的想法	
6	工作方法改进的意识	能够根据任务完成的结果制订有效的优化方案	
7	安全操作规范	能够按安全操作规范使用工量具	

五、课后作业

1. 如果下图中的电路和传感器完好，且 4 号针脚电压为 1.6V，请根据学习内容，填写其他针脚电压。

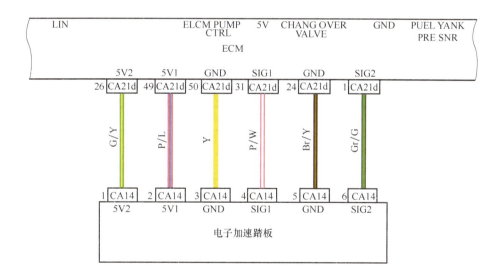

针脚号	电压
1	
2	
3	
4	1.6V
5	
6	

2. 根据学习内容，完善下列检测过程中的关键信息。

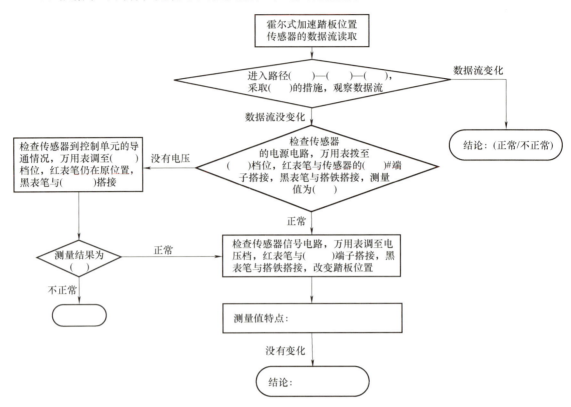

职业能力 2-2-2　正确检测电涡流式加速踏板位置传感器

一、核心概念

电涡流效应。

二、学习目标

知识目标：能够解释电涡流式加速踏板位置传感器的结构特点，并会阐述传感器在汽车上的应用；能够描述检测电涡流式加速踏板位置传感器的方法。

技能目标：能够执行电涡流传感器的检测。

素养目标：培养学生沟通交流能力。

扫一扫

动画：电涡流传感器工作原理

三、基本知识

电涡流传感器能进行静态和动态的非接触、高线性度、高分辨力测量，能够检测到被测金属导体距探头表面的距离。它是一种非接触的线性化计量工具。

1. 电涡流传感器的基本概念

根据法拉第电磁感应原理，块状金属导体置于变化的磁场中或在磁场中做切割磁力线运动时（与金属是否块状无关，且切割不变化的磁场时无涡流），导体内将产生呈涡旋状的感应电流，此电流称为电涡流，该现象称为电涡流效应。

2. 电涡流式加速踏板位置传感器功能与结构

（1）电涡流式加速踏板位置传感器功能　电涡流式加速踏板位置传感器是非接触式位移传感器，该传感器和常见滑动式加速踏板位置传感器相比，具有结构简单、长期工作可靠性好、频率响应宽、灵敏度高、测量线性范围大、响应速度快、抗干扰能力强和测量精度高等优点，已经成为现在汽车装配的主流加速踏板位置传感器。

该传感器安装位置如图 2-2-2-1 所示，该传感器集成在加速踏板内，用于反映加速踏板的位置，对车辆的动力输出进行控制。

电涡流式加速踏板位置传感器（图 2-2-2-2）主要由金属体转子和带有两绕组的集成电路板构成。该传感器中两绕组分别是发射绕组和接收绕组，发射绕组工作时通以高频振荡电流，在绕组中产生交变的磁场。

图 2-2-2-1　电涡流式加速踏板位置传感器安装位置

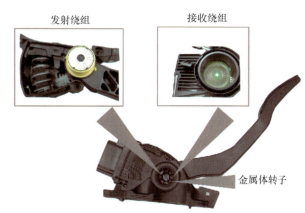

图 2-2-2-2　电涡流式加速踏板位置传感器的结构

（2）电涡流式加速踏板位置传感器的结构　图 2-2-2-3 所示为奥迪车型的加速踏板模块组件，加速踏板模块是立式安装。踏板、摩擦元件、加速踏板位置传感器、弹簧组件、踏板止挡构件及金属箔片组成了一个新的系统单元。

图 2-2-2-3　奥迪车型的加速踏板模块组件

加速踏板模块的运动装置将加速踏板的角度运动转换成一直线运动。弹簧组件与摩擦元件一起构成了所习惯的踏板感觉。金属箔片安装在加速踏板模块的运动装置上，以便其在操作加速踏板时在与电路板距离较小的情况下可以直线运动。

电涡流式加速踏板位置传感器的内部结构如图 2-2-2-4 所示，其内部结构由电路板壳罩、中央处理器、接收绕组、传感器插头以及传感器连接点组成。

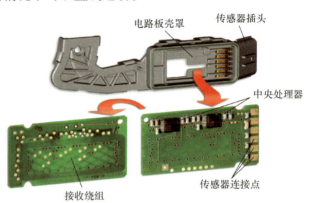

图 2-2-2-4 电涡流式加速踏板位置传感器的内部结构

其内部包含两个独立工作的传感器。在一块多层电路板上，每个传感器都分别配有一个发射绕组、三个接收绕组以及相应的控制系统。接收绕组是一个菱形的几何体并且相互之间周期性间隔错开。

3. 电涡流传感器的工作原理

（1）电涡流原理　电涡流测量原理如图 2-2-2-5 所示。当接通电涡流位移传感器电源时，其绕组将通过一个交变励磁电流信号，在绕组的周围产生一个交变磁场 H_1。当被测金属导体置于该磁场内时，在被测导体内将产生电涡流。根据电磁感应原理，电涡流也将形成一个方向相反的交变磁场 H_2；由于磁场 H_2 的反作用，涡流要消耗一部分能量，抵消部分原磁场，从而导致绕组的电感量、阻抗发生变化。

由此可见，被测金属导体的电阻率、磁导率、绕组与被测导体的距离 d，以及绕组励磁电流的角频率等参数，都将通过涡流效应和磁效应与绕组阻抗有关。

如果只改变上述参数中的一个，即绕组与被测导体的距离 d，则距离 d 与阻抗就成为这个变化参数的单值函数，从而可确定该参数的大小。

（2）电涡流传感器的原理　电涡流位移传感器原理如图 2-2-2-6 所示，它使发射绕组中流过高频振荡电流，在绕组中产生交变的磁场。当被测金属转子靠近这一磁场时，则在金属转子表面产生感应电涡流 A。

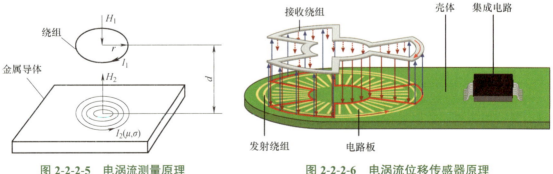

图 2-2-2-5 电涡流测量原理　　图 2-2-2-6 电涡流位移传感器原理

接收绕组是电涡流检测绕组，其功能在于感应涡流磁信号。由前述电涡流传感器原理可知，当传感器各构件其他参数不变，而只改变绕组与被测导体（即转子）的相对位置时，绕组阻抗随之发生变化，则将使涡流检测绕组中产生的感应电动势 U 发生变化。通过

检测 A（模拟交流电信号）的大小和感应电动势 U（占空比方波信号）的大小，就可以确定踏板位置。

（3）电涡流式加速踏板位置传感器的工作原理　如图 2-2-2-7 所示，发射绕组中为交流电，产生一个电磁交变场，其感应范围内将穿透金属箔片。在金属薄片中所感生的电流将产生第二个电磁交变场，并位于金属薄片周围。

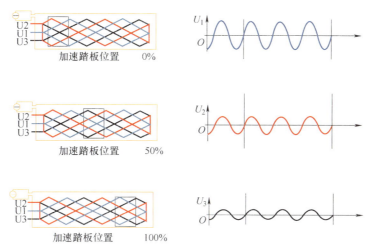

图 2-2-2-7　电涡流式加速踏板位置传感器的工作原理

发射绕组和金属薄片的两个交变场作用于接收绕组并感生出相应的交流电压。金属薄片的感应与其位置无关，而接收绕组的感应取决于与金属薄片的位置以及其自身位置。因为金属薄片根据位置的不同与某个接收绕组重合，因此其感生电压强度根据位置而不同。如图 2-2-2-7 所示，加速踏板在不同的位置，产生的电压信号是不同的。

4. 电涡流传感器的应用

在车辆上，电涡流传感器有时应用于加速踏板位置传感器，作为系统的安全性保障之一，加速踏板位置传感器设计成双输出传感器，两个传感器的输出电压信号都随加速踏板的位置增加而增加。其外观如图 2-2-2-8 所示。

5. 电涡流式加速踏板位置传感器的检测方法

电涡流式加速踏板位置传感器的故障主要表现在以下方面：

1）传感器电源与搭铁出现故障。

2）传感器模拟信号与占空比信号都没有信号。

3）传感器模拟信号与占空比信号中有一个工作不良。

在进行故障诊断时，应本着从易到难的原则，从外观诊断、电路诊断到信号检测依次进行故障诊断。下面以奥迪 A8L 的电涡流式加速踏板位置传感器的检测方法为例进行介绍。

图 2-2-2-8　电涡流式加速踏板位置传感器外观

（1）外观检测　在进行外观诊断时，主要检查传感器的固定螺栓是否符合规定，检查插头是否松动，外观是否破损。

（2）数据流检测　连接诊断仪，选择加速踏板位置传感器 1 和 2，如图 2-2-2-9 所示，逐渐踩下加速踏板，观察传感器 1、传感器 2 数据是否有相应变化，在变化过程中传感器 1 的电压应为传感器 2 的两倍。如果不符合此变化规律，需要进行传感器的电路检测。

（3）电路检测　以图 2-2-2-10 奥迪车型电路图为例，电路电压检测流程如下：

图 2-2-2-9　加速踏板位置传感器数据流检测

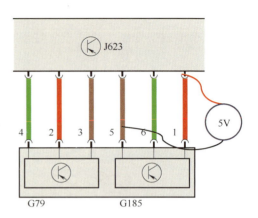

图 2-2-2-10　加速踏板位置传感器电路检测

测量针脚 1 和 2 的 5V 电源线与搭铁线是否正常。

测量针脚 4 和 6 的信号是否随着加速踏板的开度增大而增大，且二者电压是 2 倍的关系。

如果电源与搭铁正常，但信号失常或信号没有随着开度变化，说明传感器损坏。

图 2-2-2-11 所示为奥迪车型的电涡流式加速踏板位置传感器波形图，从图中可以看出，传感器电压与加速踏板开度成正比，开度越大，信号电压越大。

如果改变加速踏板位置，传感器如果不发生以上变化，说明传感器损坏。

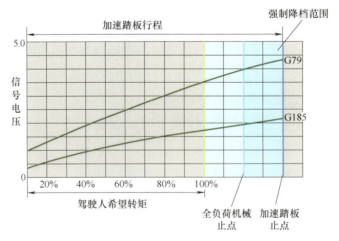

图 2-2-2-11　奥迪车型电涡流式加速踏板位置传感器波形图

四、能力训练

任务描述：

利用诊断仪和万用表对上海大众帕萨特加速踏板位置传感器进行数据流、电路和波形的检测。

1. 操作条件

工具资料	名称	规格	备注
资料	车型维修手册	电子版或纸质版	对应车型及年款
	技术快讯	对应车型	根据实际情况确定有无
工具与设备	示波器	配有各种适配器和探针	—
	万用表	适用于高压系统检测	带有高压绝缘检测仪功能
	手动工具	带有绝缘材料	套装
操作对象	上海大众全新帕萨特		

2. 安全及注意事项

1）检测前确保高压电路处于断开状态。
2）应穿戴好绝缘手套并铺设绝缘垫。
3）在拆卸前要彻底清洁连接处、维护开口及其周围区域。
4）将拆下的部件放在干净的垫子上并盖住。请勿使用容易掉毛的抹布。
5）如果无法立即进行维修，则要仔细地盖好或密封已打开的部件。
6）只允许安装干净的部件。
7）安装前才从包装中取出配件。
8）请勿使用无包装保存（例如在工具箱内等）的部件。
9）只有在安装前才拆下运输保护包装和密封盖。
10）对于打开的装置，不得用压缩空气工作，不要移动车辆。
11）检测过程中确保诊断仪等检测工具不被人为损坏。
12）测量完毕后，检测设备放回原位，严禁随意摆放。

3. 操作过程

序号	步骤	操作方法及说明	质量标准
1	读取数据流	1）连接故障诊断仪至诊断测试接口 2）操作起动开关使电源模式至 ON 状态 3）进入诊断仪数据流读取界面 4）读取加速踏板位置传感器 1 和 2 的数据流 5）缓慢连续踩下加速踏板至 100% 6）可以在诊断仪中把数据流进行波形转化，通过加速踏板的变化，观察数据变化	

(续)

序号	步骤	操作方法及说明	质量标准
2	检测电路	加速踏板变化过程中，测量端子 4 对端子 3 电压 U_1 和端子 6 对端子 5 电压 U_2	1）用探针连接传感器的两个电源线 1 号和 2 号；标准值为 5V 2）用探针连接传感器的两个信号线 3）U_1 正常电压值为 0.6~1.2V，完全踩下加速踏板时电压为 4~4.5V 4）U_2 正常电压值为 0.3~0.6V，完全踩下加速踏板时电压为 2~2.25V 5）U_1 电压始终是 U_2 电压的 2 倍
3	检测波形	1）用通道 1 连接传感器信号线 APP1 2）用通道 2 连接传感器信号线 APP2 3）打开起动开关，踩动加速踏板，观察两个信号线波形的变化 4）波形电压 APP1 是波形电压 APP2 的 2 倍	

情境问题一：

在生产生活中哪些领域采用了电涡流原理？

提示：电涡流原理在社会生活中得到了广泛应用，例如电磁炉、公交车识币、安全检查门等。

情境问题二：

所有采用电涡流式加速踏板位置传感器的车型，其两个传感器的信号电压一直是 2 倍关系吗？

提示：有的采用电涡流式加速踏板位置传感器的车型，两个传感器的信号电压一个是线性变化，另外一个是 PWM 信号，两者没有 2 倍关系。

4. 学习结果评价

序号	评价内容	评价标准	评价结果(是/否)
1	加速踏板位置传感器的数据流读取	能够快速进入加速踏板位置传感器的数据流读取界面	
2	加速踏板位置传感器的电路情况检查	能够对加速踏板位置传感器电路进行电压和信号线电路检查	
3	加速踏板位置传感器的波形检查	能够正确利用示波器调取加速踏板位置传感器的波形，并根据波形进行传感器性能判断	
4	信息检索的使用	能够使用正确的关键词获取所需的学习信息	
5	信息的传达	能够清晰明确地表达自己的想法	
6	工作方法改进的意识	能够根据任务完成的结果制订有效的优化方案	
7	安全操作规范	能够按安全操作规范使用工量具	

五、课后作业

1. 如果下图中的电路和传感器完好,且 6 号针脚电压为 1.6V,请根据学习内容,填写其他针脚电压。

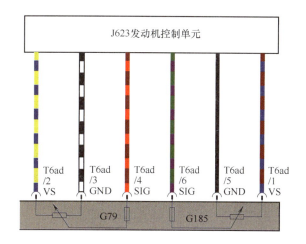

针脚号	电压
1	
2	
3	
4	
5	
6	1.6V

2. 根据学习内容,完善下列检测过程中的关键信息。

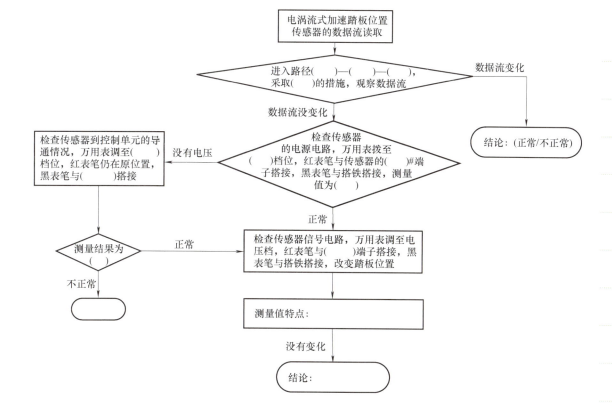

项目 03
智能汽车舒适安全系统传感器检测

 项目学习内容

本项目将学习智能汽车舒适安全系统传感器检测相关的内容，具体内容如下：

工作任务 3-1
空调系统传感器检测

职业能力 3-1-1　正确检测热敏式温度传感器

一、核心概念

NTC 元件特性；PTC 元件特性。

二、学习目标

知识目标：能够描述热敏式温度传感器的元件特性和工作原理；能够描述热敏式传感器的故障表现形式和故障检测方法。

技能目标：能够使用诊断仪和万用表对冷却液温度传感器进行数据流、电路和性能的检测。

素养目标：培养学生职业素养和遵守工作准则的意识。

视频：温度传感器检测

三、基本知识

热敏式温度传感器是一种可变电阻，当所监测的介质温度变化时，其阻值随之变化，通常把这种电阻称为热敏电阻。根据温度、电阻相互的变化关系，可以把热敏式温度传感器分为正温度系数（PTC）类型、负温度系数（NTC）类型。

1. 热敏式温度传感器的基本概念

（1）NTC 元件特性　NTC 元件是以锰、钴、镍和铜等金属氧化物为主要材料，采用陶瓷工艺制造而成的。这些金属氧化物材料都具有半导体性质，在导电方式上完全类似锗、硅等半导体材料。

NTC 元件特性如图 3-1-1-1 所示，温度低时，这些氧化物材料的载流子（电子或空穴）数目少，所以其电阻值较高。随着温度的升高，其阻值降低。

（2）PTC 元件特性　PTC 热敏电阻是一种具有温度敏感性的半导体电阻，超过一定的温度（居里温度）时，它的电阻值随着温度的升高呈阶跃性升高。

PTC 元件特性如图 3-1-1-2 所示，特性电阻在温度升高的情况下，元件的电阻值会随之增大。

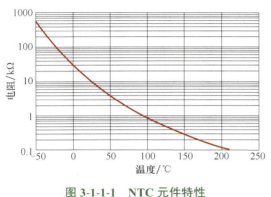

图 3-1-1-1　NTC 元件特性　　　　　　图 3-1-1-2　PTC 元件特性

2. 热敏式温度传感器的功能与结构

（1）热敏式温度传感器功能　热敏式温度传感器用来检测汽车上固体、气体或液体的温度，将测量的温度信号转化为电子信号后发送至各控制模块，用于实现各项功能的精准控制。

（2）热敏式温度传感器结构　如图 3-1-1-3 所示，热敏式温度传感器由金属外壳、封装材料、热敏电阻等组成，其特征是热敏电阻固定密封于金属外壳内，热敏电阻通过导线与传感器电器插头相连。

3. 热敏式温度传感器的工作原理

在汽车上，热敏式温度传感器多采用负温度系数（NTC）电阻。

热敏式温度传感器的信号电路如图 3-1-1-4 所示，电压调节器用于向热敏式温度传感器提供基准电压，基准电压一般采用 5V 电压。限流电阻防止电路短路对控制单元造成损害，同时也能在电路中起分压器的作用。

 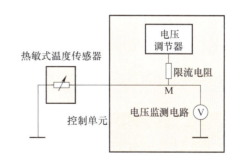

图 3-1-1-3　热敏式温度传感器结构　　　图 3-1-1-4　热敏式温度传感器的信号电路

M 点是控制单元的电压感知点，通过电压监测电路监测热敏式温度传感器的电压信号。

1）电压检测计算方式（图 3-1-1-5）：

本例中计算分压电路 M 点电压的公式为 $U_M = (R_2/R_t) \times U_r$。

U_M 是 M 点的电压，即被监测的电压。R_2 是热敏式温度传感器的阻值，R_t 是 R_1 与 R_2 的电阻之和。U_r 等于调压器输出的参考电压。

例如：当 $U_r = 5V$，$R_1 = 10\Omega$，$R_2 = 10\Omega$ 时，按上述公式计算得出 $U_M = 2.5V$。

2）温度变化与电压变化关系（图 3-1-1-6）：

随着温度的升高，热敏电阻（R_2）的阻值降低。

若热敏电阻的阻值为 40Ω，按照 M 点电压的计算公式可得出 U_M 应为 4V。

若热敏电阻的阻值为 1Ω，则 M 点电压 U_M 降至 0.45V。

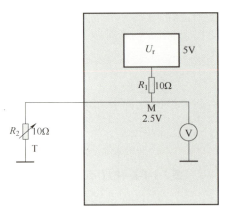

图 3-1-1-5　电压检测计算方式

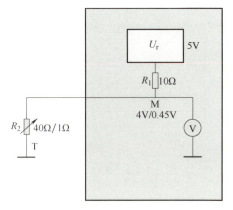

图 3-1-1-6　温度变化与电压变化关系

结论：

正常工作状态下，当被监测的温度升高时，热敏式温度传感器的阻值下降，M 点的电压下降。反之，当被监测的温度下降时，热敏式温度传感器的阻值升高，M 点的电压上升。控制单元以 M 点的电压为输入信号，根据电压信号确定对系统采取哪些调整。热敏式温度传感器电路中通常产生 0~5V 的模拟电压信号。

4. 热敏式温度传感器的应用

热敏式温度传感器在车上应用很多，例如环境温度传感器、出风口温度传感器、动力蓄电池温度传感器、室内温度传感器、室外温度传感器、蒸发器温度传感器等。下面介绍几种常见的热敏式温度传感器。

（1）动力蓄电池温度传感器　如图 3-1-1-7 所示，动力蓄电池温度传感器通常安装在动力蓄电池组上，传感器阻值随蓄电池温度改变而改变。

整车控制模块根据动力蓄电池温度传感器输入的信号来修正或控制参数，包括充电电压、动力蓄电池组冷却水泵、车速和动力蓄电池组接通开关。

（2）高压部件环境温度传感器　如图 3-1-1-8 所示，高压部件环境温度传感器安装在高压部件冷却系统的管路上，传感器阻值会随环境温度的变化发生改变，整车模块通过监测环境温度传感器阻值变化来感知高压部件温度，用于启动不同级别的高压部件冷却功能。

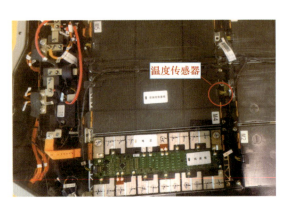

图 3-1-1-7　动力蓄电池温度传感器

高压部件冷却系统管路　环境温度传感器

图 3-1-1-8　高压部件环境温度传感器

（3）室外、室内、蒸发器温度传感器　自动空调系统一般使用了室外温度传感器、室内温度传感器和蒸发器温度传感器，分别用于检测车厢外部的温度、车厢内部的温度以及蒸发器表面的温度状态，从而作为空调自动控制的依据。图3-1-1-9所示为室外温度传感器。

5. 热敏式温度传感器的检测方法

热敏式温度传感器的故障表现主要有以下几方面：传感器内部断路、随着温度变化阻值突变。下面以环境温度传感器为例，介绍热敏式温度传感器的检测方法。

（1）数据流检测　连接诊断仪，使用电吹风给环境温度传感器加热，传感器的温度数据应同步上升，自然冷却后温度数据应下降，如图3-1-1-10所示。

如果传感器温度数据变化异常，需要检查传感器及其电路。

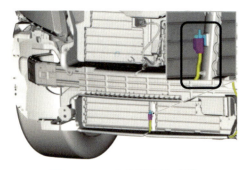
图3-1-1-9　室外温度传感器

图3-1-1-10　室外温度传感器数据流检测

（2）电压检测　电压检测如图3-1-1-11所示，利用万用表进行环境温度传感器电压检测时，需要测量不同温度时传感器的电压，变化规律如下：

1）温度由高变低时，其传感器电压应由小变大。

2）温度由低变高时，其传感器电压由大变小。

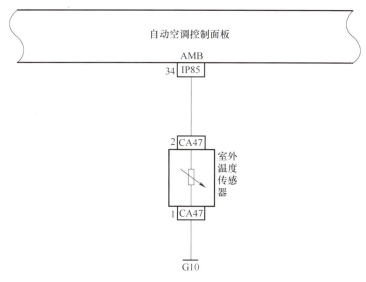
图3-1-1-11　室外温度传感器电压检测

（3）电阻检测　通过对环境温度传感器进行电阻检测，可以对传感器的基本性能进行判定。

低温状态测量（图3-1-1-12）：记录当前温度，测量温度传感器的电阻。根据测量结果对比标准参数，如果与标准值相差很大，说明传感器损坏。

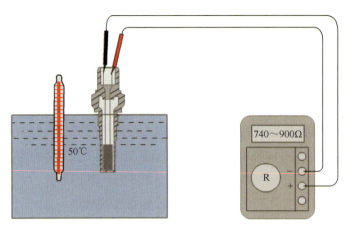

图 3-1-1-12　温度传感器电阻检测（低温状态）

温度传感器的电阻值随车型不同参考标准也不同，详情应参考车型维修手册。

高温状态测量（图 3-1-1-13）：记录加热后的当前温度，测量环境温度传感器的电阻。根据测量结果对比标准参数，如果与标准值相差很大，说明传感器损坏。

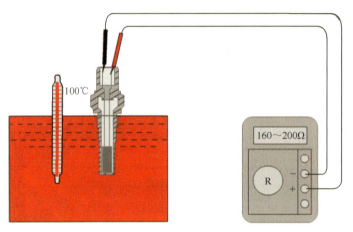

图 3-1-1-13　温度传感器电阻检测（高温状态）

温度传感器的电阻值随车型的不同参考标准也不同，详情应参考车型维修手册。

四、能力训练

任务描述：

利用诊断仪和万用表对上汽大众全新帕萨特冷却液温度传感器进行数据流、电路和性能的检测。

1. 操作条件

工具资料	名　　称	规　　格	备　　注
资料	车型维修手册	电子版或纸质版	对应车型及年款
	技术快讯	对应车型	根据实际情况确定有无

(续)

工具资料	名　称	规　格	备　注
工具与设备	诊断仪	匹配车型版本	—
	万用表	适用于低压电路检测	—
	温度计	量程200℃	—
	容器	用于盛放热水	—
	手动工具	带有绝缘材料	套装
操作对象	对上汽大众全新帕萨特的冷却液温度传感器检测		

2. 安全及注意事项

1）检测前确保高压电路处于断开状态。

2）应穿戴好绝缘手套并铺设绝缘垫。

3）在拆卸前要彻底清洁连接处、维护开口及其周围区域。

4）将拆下的部件放在干净的垫子上并盖住。请勿使用容易掉毛的抹布。

5）如果无法立即进行维修，则要仔细地盖好或密封已打开的部件。

6）只允许安装干净的部件。

7）安装前才能从包装中取出配件。

8）请勿使用无包装保存（例如在工具箱内等）的部件。

9）只有在安装前才能拆下运输保护包装和密封盖。

10）对于打开的装置，不得用压缩空气工作，不要移动车辆。

11）检测过程中确保诊断仪等检测工具不被人为损坏。

12）测量完毕后，检测设备放回原位，严禁随意摆放。

3. 操作过程

序号	步骤	操作方法及说明	质量标准
1	读取数据流	1）连接故障诊断仪至诊断测试接口 2）操作起动开关使电源模式至ON状态 3）进入诊断仪冷却液温度传感器数据流读取界面 4）可以将数据以波形显示，运转发动机看数据变化趋势是否合格 5）如果诊断仪不能读取数据，需要检查传感器电路	

（续）

序号	步骤	操作方法及说明	质量标准
2	测量实际冷却液温度并进行数据对比	1）用红外温度计测量冷却液温度传感器处的水管温度 2）将数据进行对比，看是否一致 3）起动车辆，待冷却液温度升高，再次进行两个数据读取，看是否一致 4）如果不一致，拆卸冷却液温度传感器进行检查	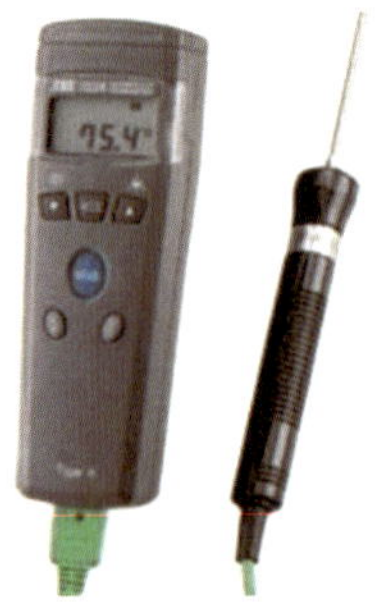
3	检测冷却液温度传感器电阻	1）检查传感器表面是否清洁，是否有水垢 2）记录当前温度，测量温度传感器的电阻。根据测量结果对比标准参数，如果与标准值相差很大，说明传感器损坏 3）如果阻值符合要求，改变容器内的环境温度，测量阻值是否和维修手册一致，如果与标准值相差很大，说明传感器损坏	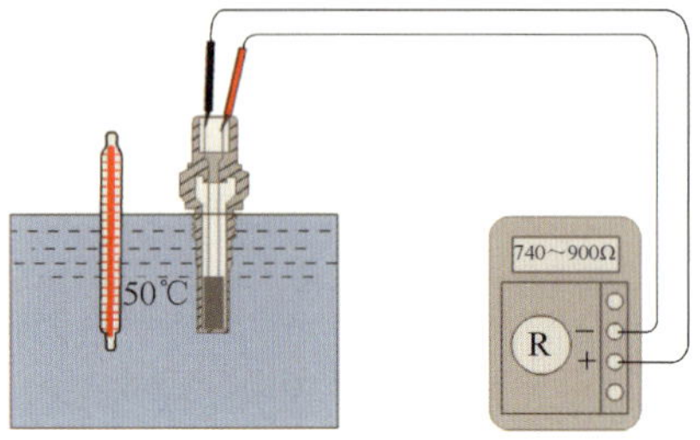 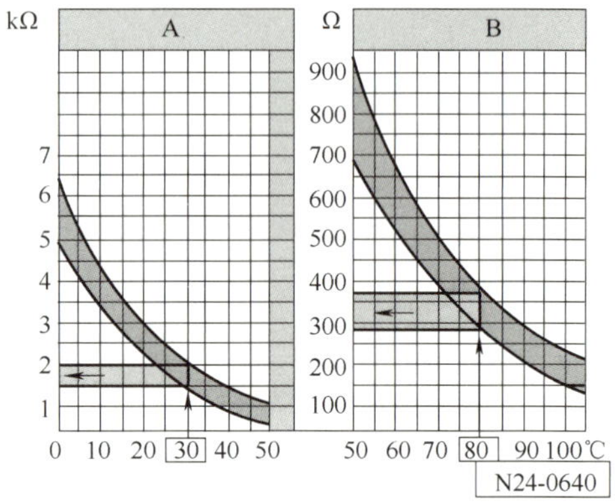
4	检测冷却液温度传感器电路	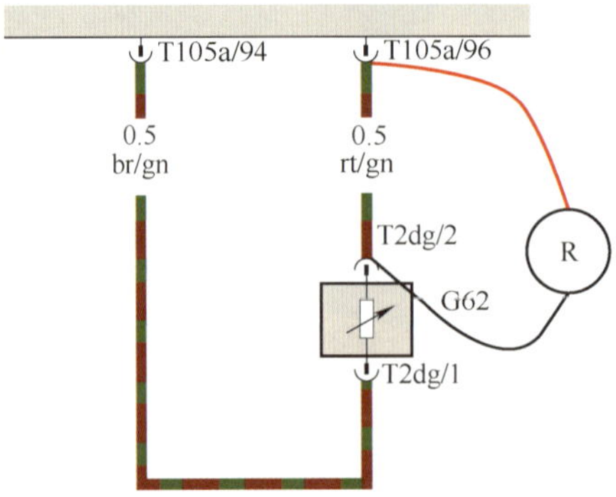	1）检查传感器电路线到车身的导通性，标准值应该小于0.5Ω 2）导线对电源正极和负极电阻均应为无穷大

情境问题一：

有的车型温度传感器温度变化时，不同温度下测量的阻值相同是什么原因？

提示：热敏式温度传感器由于测量范围小，传感器内部设置了两个热敏式温度传感器以扩大检测范围并提高精度，所以会出现不同温度有两个相同的阻值。

情境问题二：

动力蓄电池模组管理单元的温度还是通过一个热敏式温度传感器进行信息传递的吗？

提示：动力蓄电池模组由多个电芯组成，正常工作的时候，动力蓄电池模组电芯的温度是均匀的，而在动力蓄电池模组出现异常的情况下，不同的动力蓄电池模组电芯的温度会出现较大的温差。通常选用 3~4 个采集点来监控整个动力蓄电池模组的温度，采集的温度数据输入动力蓄电池模组管理单元后，由动力蓄电池模组管理单元推算出整个动力蓄电池模组管理单元的温度情况。

4. 学习结果评价

序 号	评价内容	评价标准	评价结果(是/否)
1	冷却液温度传感器的数据流的读取	能够利用诊断仪快速进入冷却液温度传感器的数据读取界面	
2	传感器数据分析对比	能够利用温度监测设备与诊断仪数据进行综合分析	
3	冷却液温度传感器的阻值测量	能够正确利用万用表进行温度传感器的阻值检测	
4	冷却液温度传感器的外接电路的检查	能够按照维修手册要求对冷却液温度传感器的外接电路的进行导通检查	
5	信息检索的使用	能够使用正确的关键词获取所需的学习信息	
6	信息的传达	能够清晰明确地表达自己的想法	
7	工作方法改进的意识	能够根据任务完成的结果制订有效的优化方案	
8	安全操作规范	能够按安全操作规范使用工量具	

五、课后作业

1. 根据学习内容，确定以下电阻变化属于 NTC 和 PTC 中的哪种元件？

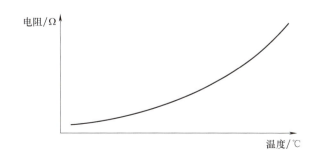

2. 根据学习内容，完善热敏式温度传感器检测过程中的关键信息。

```
┌─────────────────────────┐
│  热敏式温度传感器的检测  │
└───────────┬─────────────┘
            ↓
┌─────────────────────────┐
│  数据流进入路径：        │
└───────────┬─────────────┘
            ↓
┌─────────────────────────┐
│ 记录进气温度传感器的数值(    ) │
└───────────┬─────────────┘
            ↓
      ◇ 利用红外温度测试仪测量进气温度传感
        器周围的温度为(    )，其与数据
        流的温度值相比是否一致？ ◇ ──一致──→ ( 传感器(正常/不正常) )
            │
          不一致
            ↓
      ◇ 拆下传感器，检查进气温度传感器是否正常？ ◇ ──不正常──→ ( 采取什么措施： )
            │
           正常
            ↓
      ◇ 起动开关置于(ON/OFF)档，
        测量传感器信号端子到模块的导通情况，红表笔
        与(    )搭接，黑表笔与(    )搭接，
        是否正常？ ◇ ──正常──→ ( 如何处理： )
            │
           正常
            ↓
      ( 传感器(正常/不正常) )
```

职业能力 3-1-2　正确检测压阻式压力传感器

一、核心概念

压阻式压力传感器；压阻效应。

二、学习目标

知识目标：能够描述压阻式压力传感器的数据流读取方法；能够解释压阻式压力传感器的信号输出特点。

技能目标：会根据数据流判断传感器的性能；会根据输出特性进行传感器信号的检测。

素养目标：培养学生良好的学习习惯，树立正确的学习目标。

扫一扫

视频：压力传感器检测

三、基本知识

压力传感器在智能汽车及新能源汽车中得到了广泛应用，压力传感器有压阻式和压电

式，下面主要介绍压阻式压力传感器。

1. 压阻式压力传感器的基本概念

（1）压阻式压力传感器　在车辆工作过程中，有些系统需要通过压阻式压力传感器来监测压力的大小。压阻式压力传感器如同一个可调电阻器，传感器的电阻值随作用于传感器的压力变化而变化。

（2）压阻效应　压阻效应用来描述半导体在外力作用下，其电阻发生改变的现象。这种变化仅对材料的电阻率产生影响。与压电效应不同，压阻效应不能用于在设备上产生电压。

2. 压阻式压力传感器的结构与功能

（1）压阻式压力传感器的结构　如图 3-1-2-1 所示，压阻式压力传感器由低压腔、高压腔、硅膜片硅环、引线部件组成。

该类型传感器采用集成工艺将电阻条集成在单晶硅膜片上，制成硅膜片，并将膜片的周边固定封装于外壳之内，引出电极引线。

（2）压阻式压力传感器的功能　压阻式压力传感器基于压阻元件的压阻效应进行工作，当传感器压阻元件受到的压力发生变化时，压阻元件的电阻值随之发生变化，传感器将变化的信号电压发送至控制模块，完成各项功能的精准控制。

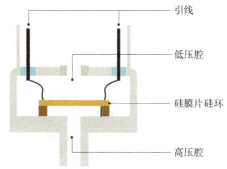

图 3-1-2-1　压阻式压力传感器结构

3. 压阻式压力传感器的工作原理

压阻式压力传感器是将压力的变化转换成电信号的一种传感器，利用压阻式压力传感器随着压力变化而电阻可变的特性，可通过传感器输出的电压而判断压阻式压力传感器承受的压力。随着压力的变化，压阻式压力传感器电阻呈现两种变化情形：

1）随着压力的增加，阻值变大。

2）随着压力的增加，阻值变小。

下面，以随着压力升高电阻变大的传感器为例，介绍压阻式压力传感器的工作原理。

（1）压力传感器检测电路　如图 3-1-2-2 所示，压力传感器电路由控制单元、压阻式压力传感器、连线和插接器组成。控制单元包括电压调节器、限流电阻和类似电压表作用的信号处理部分。

电压调节器供给电路恒定的电压。限流电阻是一个固定电阻，可防止电路中电流过大。当控制单元与传感器之间发生搭铁短路时，该电阻可起到限制电流的作用。控制单元中的电压表部分测出的是监测点 M 的电压值，其大小由传感器上的压力（电阻）决定。

（2）压力变化与信号检测关系　静态电路原理（图 3-1-2-3）：本例分压电路中计算 M 点电压的公式为 $U_m = (R_2/R_t) U_r$。

U_m 是被监测的电压，即 M 点的电压。R_2 是压力传感器的阻值。R_t 是 R_1 与 R_2 的电阻和，U_r 等于电压调节器输出的参考。

例如，静态时 $U_r = 5V$，$R_1 = 10Ω$，且 $R_2 = 10Ω$ 时，按照上述计算公式里可得出 $U_m = 2.5V$。

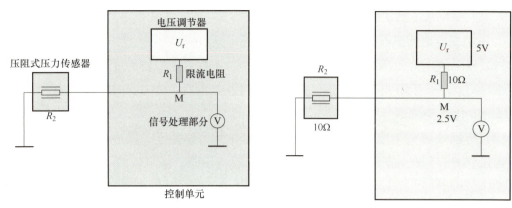

图 3-1-2-2　压力传感器检测电路　　　　图 3-1-2-3　静态电路原理简图

压力增加电路原理（图 3-1-2-4）：当压力升高时电阻增加。若 R_2（热敏电阻）增加到 40Ω，则按照 M 点电压的计算公式可得出 U_m 应增至 4V。

压力降低电路原理（图 3-1-2-5）：当压力降低时电阻降低。若 R_2 下降到 1Ω，则按照上述计算公式可得出 U_m 下降到 0.45V。

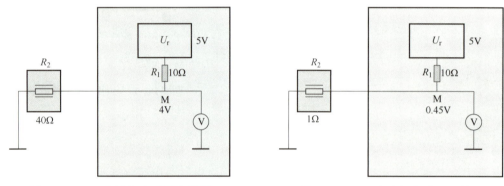

图 3-1-2-4　压力增加电路原理简图　　　　图 3-1-2-5　压力降低电路原理简图

由此可知，如果压阻式压力传感器随着压力的增加电阻增加，压阻式压力传感器的变化规律如下：在正常工作状态下，当被检测的压力上升时，传感器阻值和 M 点电压值也会随之上升；反之，当压力下降时，传感器阻值和 M 点电压都会下降。

如果压阻式压力传感器随着压力的增加电阻减少，压阻式压力传感器的变化规律如下：在正常工作状态下，当被检测的压力上升时，传感器阻值和 M 点电压值也会随之下降；反之，当压力下降时，传感器阻值和 M 点电压都会上升。控制单元以 M 点电压值作为输入信号，以确定系统中应采取哪些相应变化措施。

4. 压阻式压力传感器的应用

压阻式压力传感器在汽车上应用很多，例如燃油压力传感器、进气压力传感器、制冷剂压力传感器等。下面介绍一个常见的压阻式压力传感器，即空调压力传感器。

空调压力传感器（图 3-1-2-6）检测空调高压管道中制冷剂压力的大小，传感器输出的电压信号被发送至自动空调控制模块，自动空调控制模块根据传感器输出电压值的大小即可判断制冷剂压力大小，根据压力值调整电子风扇的功率，从而实现对空调系统的保护。

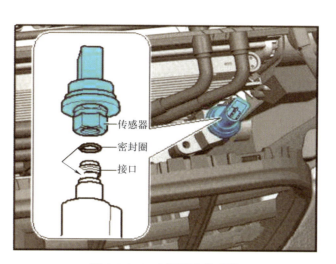

图 3-1-2-6　空调压力传感器

5. 压阻式压力传感器的检测方法

空调压力传感器的故障将会导致空调制冷系统工作异常，并可能产生故障码。其故障表现主要有以下几方面：

1）传感器内部接触不良，电阻信号输出偏高。

2）传感器电路故障。

3）传感器内部断路。

在故障诊断过程中，可以从以下方面进行压阻式压力传感器的性能检测。

（1）**数据流检测**　连接诊断仪，读取空调压力传感器的数据流，如图 3-1-2-7 所示。

读取静态下压力传感器的压力数值，以此作为此传感器的参考信号判断基准。

起动车辆，开启空调，使空调压力上升，读取传感器的压力值变化特征。

（2）**电压检测**　图 3-1-2-8 所示为空调管路压力传感器压力与电压特性曲线，它表示信号输出电压（V）与压力（MPa）的关系。

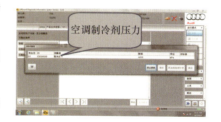

图 3-1-2-7　奥迪制冷剂压力传感器数据流

随着压力的增加，信号电压线性增加，0.25V 和 4.75V 是传感器损坏的两个临界电压值。

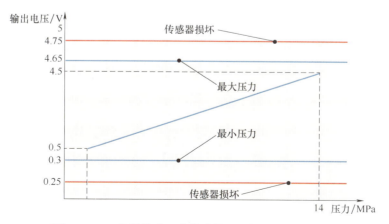

图 3-1-2-8　空调管路压力传感器压力与电压特性曲线

测量空调压力传感器供电电压，如图 3-1-2-9 所示，该供电电压由整车控制模块 ECM 输出，为压力传感器提供 5V 电压（此为吉利车型空调压力传感器）。

信号电压会随着制冷剂压力升高而同步升高。

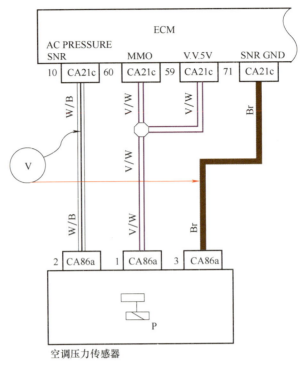

图 3-1-2-9　空调压力传感器供电电压检测

四、能力训练

任务描述：

利用诊断仪和万用表对荣威 eRX5 空调压力传感器进行数据流、电路和性能的检测。

1. 操作条件

工具资料	名　称	规　格	备　注
资料	车型维修手册	电子版或纸质版	对应车型及年款
	技术快讯	对应车型	根据实际情况确定有无
工具与设备	诊断仪	匹配车型版本	上汽车型
	万用表	适用于低压电路检测	—
	手动工具	带有绝缘材料	套装
操作对象		荣威 eRX5 空调压力传感器数据流检测	

2. 安全及注意事项

1）检测前确保高压电路处于断开状态。

2）应穿戴好绝缘手套并铺设绝缘垫。

3）在拆卸前要彻底清洁连接处、维护开口及其周围区域。

4）将拆下的部件放在干净的垫子上并盖住。请勿使用容易掉毛的抹布。

5）如果无法立即进行维修，则要仔细地盖好或密封已打开的部件。

6）只允许安装干净的部件。

7）安装前才从包装中取出配件。

8）请勿使用无包装保存（例如在工具箱内等）的部件。

9）只有在安装前才拆下运输保护包装和密封盖。

10）对于打开的装置，不得用压缩空气工作，不要移动车辆。

11）检测过程中确保诊断仪等检测工具不被人为损坏。

12）测量完毕后，检测设备放回原位，严禁随意摆放。

3. 操作过程

序号	步骤	操作方法及说明	质量标准
1	读取数据流	1）连接故障诊断仪至诊断测试接口 2）操作起动开关使电源模式至ON状态 3）进入诊断仪空调系统数据流读取界面。记录空调压力传感器数值 4）起动车辆，打开空调，记录空调压力传感器数据流	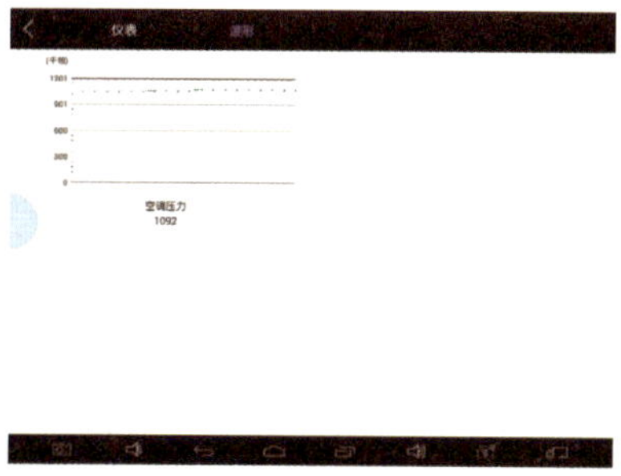
2	检测空调压力传感器的信号	1）按照电路图，在传感器1号和2号针脚插上探针，测量电压 2）按照电路图，在传感器3号和1号针脚插上探针，测量电压 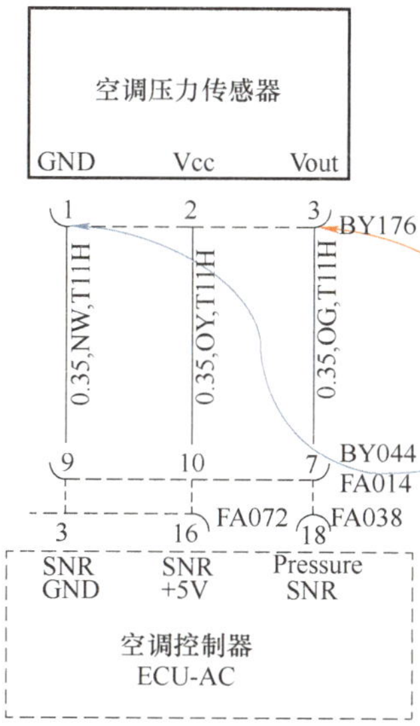	1）打开起动开关；1号脚和2号脚之间电压标准值在5V左右 2）测量3号脚之间和1号脚之间电压，测量值应该在0.20~4.80V。 3）如果起动车辆，开启空调，电压值应该升高 4）如果电压值保持为0.20V或4.80V，说明传感器损坏

(续)

序号	步骤	操作方法及说明	质量标准
3	检测空调压力传感器的电路	如果传感器无法检测到电源电压和信号电压，需要进行电路测试（关闭起动开关，确保空调压力传感器电路没有电压） 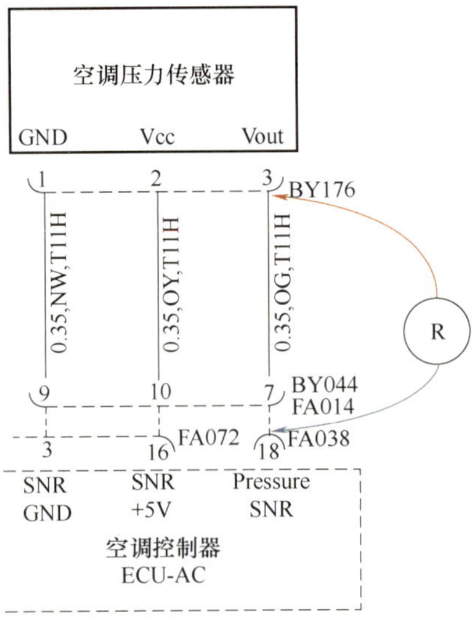	1）分别如图所示测量传感器连接线到控制模块的导通性，标准值<5Ω 2）导线两端断开时，导线对电源正极和负极电阻应为无穷大
4	压力对比测试	连接系统压力表测量压力，与诊断仪读取压力进行对比	压力值应基本一致，出现差值超过0.05MPa时更换压力传感器

情境问题一：

压阻式压力传感器是以电阻的形式存在于传感器的电路中吗？

提示：压阻式压力传感器是利用单晶硅的压阻效应制成。采用单晶硅片为弹性元件，在单晶硅膜片上利用集成电路的工艺，在单晶硅的特定方向扩散一组等值电阻，并将电阻接成桥路，单晶硅片置于传感器腔内。当压力发生变化时，单晶硅产生应变，使直接扩散在上面的应变电阻产生与被测压力成正比的变化，再由桥式电路获得相应的电压输出信号。

情境问题二：

压力传感器可以直接通过检测传感器的电阻确定工作性能吗？

提示：压阻式压力传感器的核心部件是单晶硅，无法通过测量电阻判定单晶硅的性能，所以无法通过检测电阻的方法确定传感器的性能。

4. 学习结果评价

序号	评价内容	评价标准	评价结果(是/否)
1	空调压力传感器的数据流的读取	能够利用诊断仪快速进入空调系统的数据读取界面	
2	空调压力传感器信号测量	能够利用万用表进行电源和信号测量	
3	空调压力传感器电路测量	能够正确利用万用表进行空调压力传感器的电路导通性测量	
4	信息检索的使用	能够使用正确的关键词获取所需的学习信息	
5	信息的传达	能够清晰明确地表达自己的想法	
6	工作方法改进的意识	能够根据任务完成的结果制订有效的优化方案	
7	安全操作规范	能够按安全操作规范使用工量具	

五、课后作业

1. 根据下图回答问题：如果 R_1 的阻值为 30Ω，R_2 的阻值为 20Ω，则 M 点的信号电压为多少？

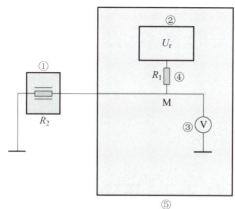

2. 根据学习内容，完善下列检测过程中的关键信息。

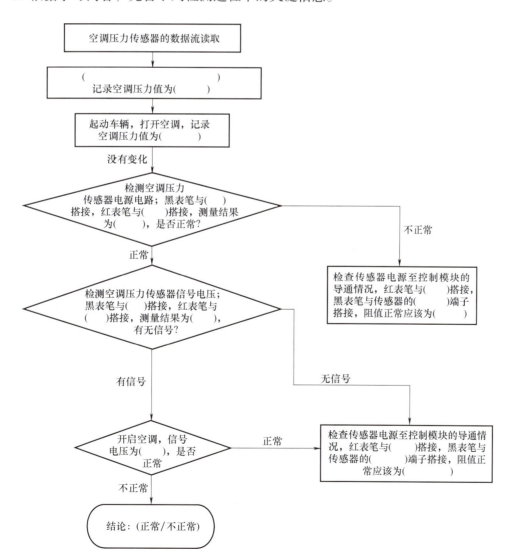

工作任务 3-2

智能座舱系统传感器检测

职业能力 3-2　正确检测音频传感器

一、核心概念

音频传感器；音频传感器阵列技术。

二、学习目标

知识目标：能够解释音频传感器的工作原理；能够描述利用诊断仪检测音频传感器的方法。

技能目标：能够使用诊断仪和万用表对音频传感器进行数据流、电路和性能的检测。

素养目标：培养学生自我管理能力和使用互联网解决问题的能力。

三、基本知识

随着汽车智能化、网联化的发展，人机交互的方式不再简单停留在按键功能操作上，汽车配备的音频传感器（麦克风）可以收集外界语音信号，完成相关控制指令的接收，发送至控制模块实现各项功能操作。

1. 音频传感器的基本概念

（1）音频传感器　音频传感器是一种可以检测、测量并显示声音波形的传感器，广泛地用于日常生活、军事、医疗、工业、航海、航天等领域中，并且成为智能网联汽车发展所不能缺少的传感器。

（2）音频传感器阵列技术　如图 3-2-1-1 所示，音频传感器阵列技术能提升嘈杂环境下的识别效果。音频传感器阵列由一组按一定几何结构（常用线形、环形）摆放的音频传感器组成，对采集的不同空间方向的声音信号进行空时处理，实现噪声抑制、混响去除、人声干扰抑制、声源测向、声源跟踪、阵列增益等功能,进而提高语音信号处理质量,以提高真实环境下的语音识别率。

同时音频传感器阵列可以进行声源定位,声源定位技术是指使用音频传感器阵列来计算目标说话人的角度和距离,从而实现对目标说话人的跟踪以及后续的语音定向拾取,是人机交互、音视频会议等领域非常重要的前沿处理技术。

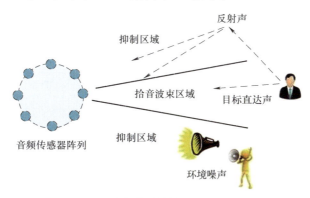

图 3-2-1-1　音频传感器阵列技术原理简图

2. 音频传感器的功能与结构

(1) 音频传感器的功能　音频传感器也称为传声器,是一种电声器件,是将声音信号转换为电信号的能量转换器件,可以实现人与汽车的语音交互控制。

奥迪车型通过音频传感器接收语音指令,实现更加便利的车辆操控。语音指令模块采用自然语言处理器来解析识别驾驶人的语音请求,不限于特定语句,然后将之转化为车辆可执行的操作指令。

音频传感器通常安装在车顶天窗控制开关的位置,如图 3-2-1-2 所示。

注意:语音指令仅适用于特定车辆功能。

(2) 音频传感器的结构　音频传感器一般是由薄膜、电极、挡板以及相应的连接电子电路等部分组成,如图 3-2-1-3 所示。

图 3-2-1-2　奥迪音频传感器安装位置

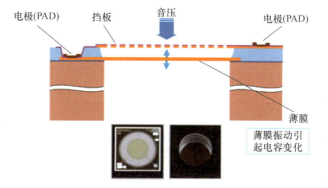

图 3-2-1-3　音频传感器结构

3. 音频传感器的工作原理

现在常用的音频传感器分为驻极体音频传感器和 MEMS 音频传感器两种,两者结构上有区别但是工作原理基本相似。

音频传感器实质是一个电容传感器，如图 3-2-1-4 所示，声音产生的音压使麦克风内的薄膜振动，导致膜片与固定电极之间的电容变化，产生与之对应变化的微小电压，这一电压变化经过后电路的处理形成输出信号并传送给控制模块。

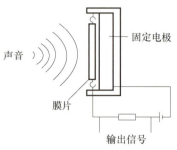

图 3-2-1-4 音频传感器原理

（1）驻极体音频传感器　驻极体音频传感器内置一个对声音敏感的电容式驻极体话筒。声波使话筒内的驻极体薄膜振动，导致电容的变化，而产生与之对应变化的微小电压，这一电压随后被转化成 0~5V 的电压，经过 A-D 转换器被数据采集器接收，并传送给控制模块。

（2）MEMS 音频传感器　MEMS 音频传感器的微电容极头包括接收声音的硅振膜和硅背极，硅振膜可以直接接收到音频信号，经过 MEMS 微电容传感器传输给微集成电路，微集成电路把高阻的音频电信号转换并放大成低阻的电信号，同时经 RF 抗噪电路滤波，输出与前置电路匹配的电信号，就完成了声电转换。通过对电信号的读取，可以实现对声音的识别。

通过两者的工作原理可以发现：MEMS 音频传感器具有体积小、贴装方便、信噪比高等优点，因而在汽车上得到普及应用。

4. 音频传感器的应用

智能汽车装配的音频传感器常应用于车内降噪和语音交互系统，例如奥迪汽车的主动降噪系统，特斯拉汽车的特斯拉语音指令系统。

（1）主动降噪系统　车顶带有若干个音频传感器，用来持续收集噪声信号和发动机信息，当出现噪声时，车载功放会向扬声器发出指令，释放与车内相反的声波，以抵消噪声声波，从而为驾驶人和乘客提供了更加安静、舒适的体验（图 3-2-1-5）。

（2）特斯拉语音指令系统　特斯拉 Model 3 车型，单击触摸屏上的音频传感器按钮，或点按转向盘上右侧的滚轮按钮，听到提示音后，即可阐述驾驶人的指令。

如图 3-2-1-6 所示，红框内显示的是系统识别语音后转换的文字，黄框内显示的是系统在识别语音后执行的操作。可以看到在阐述想去的地方后，系统会在右侧显示备选项，不过并没有二次询问，所以需要手动选择目的地。如果提前设置好公司地址和住宅地址，可以通过下达"去上班""回家"语音命令自动开启目的地导航。

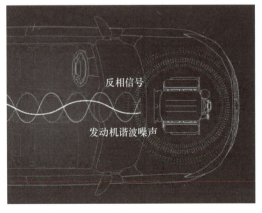

图 3-2-1-5 奥迪驾驶舱主动降噪

图 3-2-1-6 特斯拉语音导航界面

5. 音频传感器的检测方法

音频传感器自身或者电路出现故障,将会导致语音系统工作异常,并可能产生故障码。在故障诊断过程中,可以从以下方面进行音频传感器的性能检测。

(1)**数据流检测** 使用诊断仪一般可以读取到音频传感器信号,如图 3-2-1-7 所示,为音频传感器的信号值。

对着音频传感器进行喊话时,音频传感器数据电压值相应发生变化,如果数据值无任何变化,则需要检查音频传感器电路。

(2)**电路检测** 图 3-2-1-8 所示为音频传感器电路图,传感器 1 和 31 端子有两根音频输出线连接音响主机。

传感器信号电压会随着语音的输入强度升高而升高,音频输出信号电压值也会同步升高。

如果没有输出信号,需要检查音频传感器到音响主机电路的导通情况。

图 3-2-1-7 音频传感器数据流检测

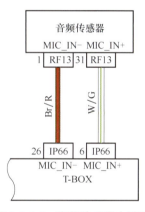

图 3-2-1-8 音频传感器电路图

四、能力训练

任务描述:

利用诊断仪和万用表对荣威 eRX5 音频传感器进行数据流、电路和性能的检测。

1. 操作条件

工具资料	名 称	规 格	备 注
资料	车型维修手册	电子版或纸质版	对应车型及年款
	技术快讯	对应车型	根据实际情况确定有无
工具与设备	诊断仪	匹配车型版本	—
	万用表	适用于低压电路检测	—
	手动工具	带有绝缘材料	套装
操作对象		对荣威 eRX5 音频传感器进行传感器检测	

2. 安全及注意事项

1）检测前确保高压电路处于断开状态。

2）应穿戴好绝缘手套并铺设绝缘垫。

3）在拆卸前要彻底清洁连接处、维护开口及其周围区域。

4）将拆下的部件放在干净的垫子上并盖住。请勿使用容易掉毛的抹布。

5）如果无法立即进行维修，则要仔细地盖好或密封已打开的部件。

6）只允许安装干净的部件。

7）安装前才能从包装中取出配件。

8）请勿使用无包装保存（例如在工具箱内等）的部件。

9）只有在安装前才能拆下运输保护包装和密封盖。

10）对于打开的装置，不得用压缩空气工作，不要移动车辆。

11）检测过程中确保诊断仪等检测工具不被人为损坏。

12）测量完毕后，检测设备放回原位，严禁随意摆放。

3. 操作过程

序号	步骤	操作方法及说明	质量标准
1	读取故障码	1）连接故障诊断仪至诊断测试接口 2）操作起动开关使电源模式至ON状态 3）诊断仪通过通信模块读取音频传感器故障码 4）如果诊断仪读取到故障码，需要检查传感器电路	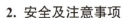
2	检测音频传感器的信号	1）按照电路图，在传感器1号和2号针脚插上探针 2）打开起动开关；测量电压 U	1）打开起动开关；测量电压 U，然后对着音频传感器说话，电压 U 随着声音的输入会升高 2）如果电压 U 没有变化，需要检查音频传感器电路，如果电路正常说明传感器损坏

（续）

序号	步 骤	操作方法及说明	质量标准
3	检测音频传感器的电路	如果传感器无法检测到信号电压，需要进行电路测试： 1）关闭起动开关，确保音频传感器电路没有电压 2）如图所示测量传感器到控制模块连接线的阻值 R 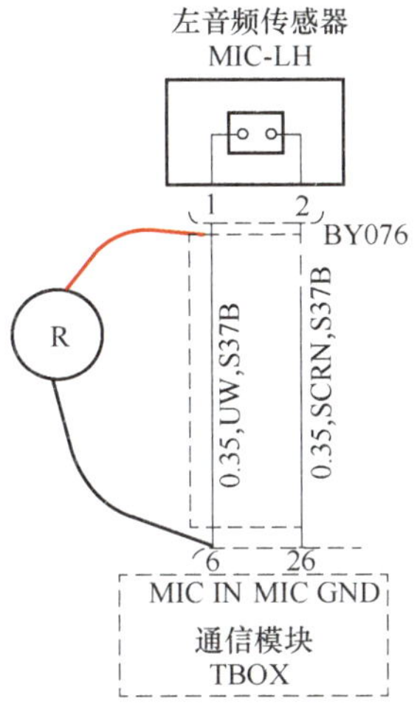	1）测量传感器连接线到控制模块的导通性，标准值<5Ω 2）电路两端断开时，电路对电源正极和负极电阻应为无穷大

情境问题一：

车载音频传感器有什么型号要求？

提示：车载音频传感器在使用时要能消减路面噪声和汽车驱动电机的噪声或者发动机的噪声，因此对车载音频传感器的型号有特殊的要求，需要使用特定的音频传感器。

情境问题二：

音频传感器降噪应用的是什么原理？

提示：音频传感器利用先进的数字信号处理算法和信息娱乐系统的放大器和扬声器的负载输出，产生经过放大的反相噪声进行降噪。

4. 学习结果评价

序号	评价内容	评价标准	评价结果(是/否)
1	音频传感器的数据流的读取	能够利用诊断仪快速进入音频传感器的数据读取界面	
2	音频传感器信号电压检测	能够正确利用万用表进行音频传感器的信号电压检测	
3	音频传感器的电路测量	能够按照维修手册要求对音频传感器到控制模块的电路进行导通检查	
4	信息检索的使用	能够使用正确的关键词获取所需的学习信息	
5	信息的传达	能够清晰明确地表达自己的想法	
6	工作方法改进的意识	能够根据任务完成的结果制订有效的优化方案	
7	安全操作规范	能够按安全操作规范使用工量具	

五、课后作业

根据学习内容，完善下列检测过程中的关键信息。

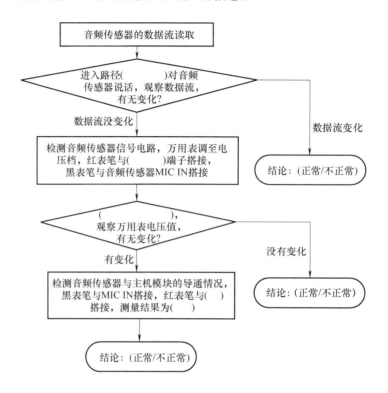

工作任务 3-3

安全气囊传感器检测

职业能力 3-3　正确检测压电式碰撞传感器

一、核心概念

压电效应。

二、学习目标

知识目标：能够描述压电式碰撞传感器故障码的读取方法；能够描述压电式碰撞传感器电路的检测方法。

技能目标：能够根据传感器的故障码判断检测方法；能使用诊断仪和万用表对压电式碰撞传感器进行数据流和电路的检测。

素养目标：培养学生在团队中的沟通和协作能力。

三、基本知识

压电式碰撞传感器是一种基于压电效应的能量转换型传感器。利用压电效应制成的碰撞传感器称为压电式碰撞传感器，其被应用在汽车安全气囊系统中。

1. 压电式碰撞传感器的基本概念

压电效应：压电效应是指在压电元件的表面某一方向上受到拉伸载荷或压力时产生电压的现象。未发生碰撞时，压电晶体未受外力作用，晶体内部电荷均衡；发生碰撞时，压电式碰撞传感器受到外力作用，内部电荷发生移动，产生电压信号，如图 3-3-1-1 所示。

2. 压电式碰撞传感器的结构与功能

（1）压电式碰撞传感器的结构　如图 3-3-1-2 所示，压电式碰撞传感器单元是个密封的空腔，其上蒙着附有压电晶体层的膜片。压力作用到膜片上时，膜片会内凹，这就引起压电晶体上出现电荷迁移。电子分析机构将这种电荷迁移转换成电压信号，并将电压信号传送给控制模块。

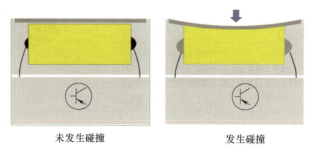

图 3-3-1-1　压电元件变形原理

（2）压电式碰撞传感器的功能　当汽车遭受碰撞时，传感器内的压电晶体在碰撞产生的压力作用下，输出电压就会变化。安全气囊控制模块根据电压信号强弱便可判断碰撞的强度，当电压信号超过设定值，安全气囊控制模块就会立即向点火器发出点火指令，引爆点火剂给气囊充气，安全气囊膨开，达到保护驾驶人和乘员的目的。

3. 压电式碰撞传感器的工作原理

压电式碰撞传感器是依靠压电效应进行信号传递的。

如图 3-3-1-3 上方信号所示：当没有压力变形时，传感器发出的电压信号较低。

如果传感器发生碰撞，由此发生了压力变形时，压电式碰撞传感器中的压电材料在机械应力的作用下会产生一个较高的交流电压，如图 3-3-1-3 下方信号所示。该信号被整理后会传送到相应的控制模块。

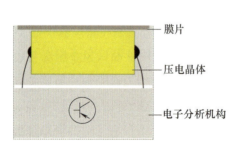

图 3-3-1-2　压电式碰撞传感器结构

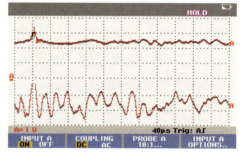

图 3-3-1-3　不同压力情况的电压信号

4. 压电式碰撞传感器的应用

压电式碰撞传感器，一般用以检测车身被碰撞的力度，主要应用于安全保护系统。

压电式碰撞传感器一般安装在前车门内，可以测量发生侧面碰撞事故时车门内的压力增加值，同时在碰撞时压电晶片输出的电压也会发生变化，当变化的电压达到预定值时，气囊被触发。同时安全气囊控制模块根据其信号验证侧面碰撞期间横向加速度信号的可信度。

图 3-3-1-4 所示为车门内的压电式碰撞传感器安装位置，车辆碰撞时车门内的气压会瞬间增高，该传感器受压后产生相应的电压信号，并将其电压信号发送至安全气囊控制模块，触发安全气囊。

5. 压电式碰撞传感器的检测方法

压电式碰撞传感器自身或者电路出现故障，将会导致安全气囊系统工作异常，并可能出现故障码。在故障诊断过程中，可从以下几方面进行压电式碰撞传感器的性能检测。

（1）故障码检测　安全气囊系统的故障征兆难以确诊，所以诊断故障码就成为故障排除时最重要的信息来源。

一般是通过诊断仪进行故障码的读取来判断碰撞传感器是否有故障。

当故障码提示传感器有故障时（图 3-3-1-5），需要排除传感器的电路故障可能性，才能确定是否更换传感器。

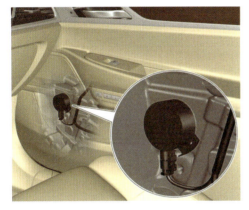

图 3-3-1-4　车门内的压电式碰撞传感器安装位置

图 3-3-1-5　诊断仪读取故障码

（2）电路检测　图 3-3-1-6 所示为压电式碰撞传感器电路检测，由于碰撞传感器属于无源传感器，只有传感器作用时才会产生信号电压，如果传感器能够产生信号电压，但是诊断仪还不能捕捉到传感器的数据波形，需要检查传感器到气囊控制模块电路导通性。

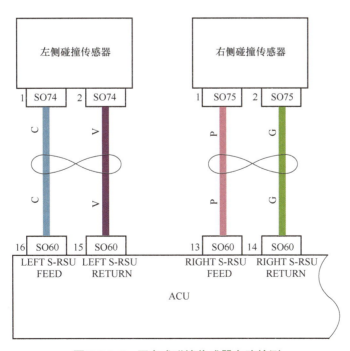

图 3-3-1-6　压电式碰撞传感器电路检测

四、能力训练

任务描述：

利用诊断仪和万用表对荣威 eRX5 压电式碰撞传感器进行数据流和电路的检测。

1. 操作条件

工具资料	名　　称	规　　格	备　　注
资料	车型维修手册	电子版或纸质版	对应车型及年款
	技术快讯	对应车型	根据实际情况确定有无
工具与设备	诊断仪	匹配车型版本	—
	万用表	适用于低压电路检测	—
	手动工具	带有绝缘材料	套装
操作对象	对荣威 eRX5 压电式碰撞传感器进行检测		

2. 安全及注意事项

1）检测前确保高压电路处于断开状态。

2）应穿戴好绝缘手套并铺设绝缘垫。

3）在拆卸前要彻底清洁连接处、维护开口及其周围区域。

4）将拆下的部件放在干净的垫子上并盖住，请勿使用容易掉毛的抹布。

5）如果无法立即进行维修，则要仔细地盖好或密封已打开的部件。

6）只允许安装干净的部件。

7）安装前才能从包装中取出配件。

8）请勿使用无包装保存（例如在工具箱内等）的部件。

9）只有在安装前才能拆下运输保护包装和密封盖。

10）对于打开的装置，不得用压缩空气工作，不要移动车辆。

11）检测过程中确保诊断仪等检测工具不被人为损坏。

12）测量完毕后，检测设备放回原位，严禁随意摆放。

3. 操作过程

序号	步　骤	操作方法及说明	质量标准
1	读取数据波形	由于碰撞传感器信号无法进行碰撞模拟测试（教学安全考虑），所以只进行故障码调取的实习 1）操作起动开关使电源模式至 ON 状态 2）进入诊断仪的压电式碰撞传感器故障码读取界面	

(续)

序号	步骤	操作方法及说明	质量标准
2	检测传感器与控制模块的导通性	碰撞传感器不能进行性能测试，只能进行传感器的电路导通检测 1）断开蓄电池负极端子，断开安全气囊的插头 2）如图所示，在传感器端子和控制模块端子安插探针 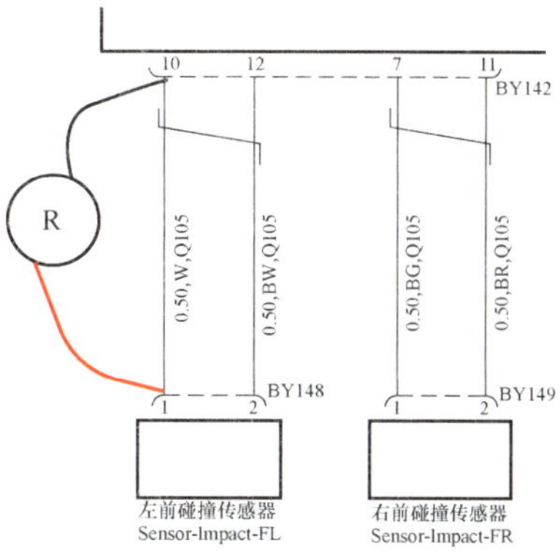 (电路图)	1）把万用表调整到电阻档，两个表笔与探针接触，测量导线导通性，标准值<5Ω 2）导线断开两端，导线对电源正极和负极电阻应为无穷大

情境问题一：

车辆发生碰撞事故，没有触发安全气囊引爆，为什么维修时也要求更换碰撞传感器？

提示：汽车的安全气囊是比较容易出故障的，在车辆碰撞过程中有可能碰撞传感器已经监测到了碰撞，但气囊由于有故障没能弹出，这在维修的时候也是必须得更换的，如果不更换，在维修和以后的使用过程中都存在着极大的安全隐患。

情境问题二：

安全气囊系统的碰撞传感器还有其他的什么形式？

提示：传感器除有压阻效应式碰撞传感器和压电效应式碰撞传感器外，还有偏心锤式传感器、滚球式碰撞传感器、滚轴式碰撞传感器、水银开关式碰撞传感器等形式。

4. 学习结果评价

序号	评价内容	评价标准	评价结果(是/否)
1	压电式碰撞传感器的数据波形的读取	能够利用诊断仪快速进入压电式碰撞传感器的数据波形读取界面	
2	碰撞传感器的信号测量	能够正确利用万用表进行碰撞传感器的信号电压检测	
3	碰撞温度传感器的外接电路导通性的检查	能够按照维修手册要求对碰撞传感器的外接电路进行导通检查	
4	信息检索的使用	能够使用正确的关键词获取所需的学习信息	
5	信息的传达	能够清晰明确地表达自己的想法	
6	安全操作规范	能够按安全操作规范使用工量具	

五、课后作业

根据学习内容，完成碰撞传感器检测时的规范操作。

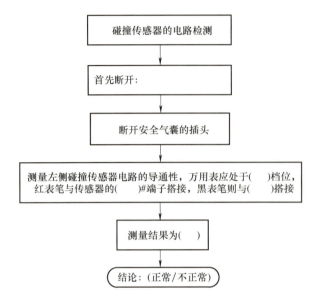

项目 04
智能汽车环境感知系统传感器检测

 项目学习内容

本项目将学习智能汽车环境感知系统传感器检测相关的内容，具体内容如下：

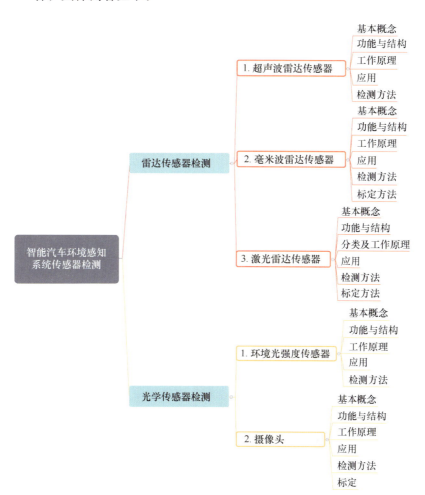

工作任务 4-1

智能汽车雷达传感器检测

职业能力 4-1-1　正确检测超声波雷达传感器

一、核心概念

超声波；超声波雷达传感器。

二、学习目标

知识目标：能够描述超声波雷达传感器的外观检测方法；能够描述超声波雷达传感器的数据读取方法和电路检测方法。

技能目标：能够使用诊断仪和万用表对超声波雷达传感器进行数据流、电路和性能的检测。

素养目标：培养学生数字化意识和互联网思维。

三、基本知识

智能网联汽车的环境感知传感器，包括超声波雷达、毫米波雷达、激光雷达等距离传感器和摄像头等视觉传感器。

1. 超声波雷达传感器的基本概念

（1）**超声波**　超声波是一种振动频率高于 20000Hz 的声波，它的方向性好，穿透能力强，易于获得较集中的声能，在水中传播距离远，可用于测距、测速、清洗、焊接、碎石、杀菌消毒等，在医学、军事、工业、农业、汽车领域有很多的应用。超声波因其频率下限大于人的听觉上限而得名。

（2）**超声波雷达传感器**　超声波雷达传感器是利用超声波的特性研制而成的，它以超声波作为检测手段，能够产生与接收超声波，能完成这种操作的装置就是超声波雷达传感器。

2. 超声波雷达传感器的功能与结构

（1）超声波雷达传感器的功能　超声波雷达传感器通过超声换能结构，配以适当的收发电路，就可以使超声波能量定向传输，并按预期接收反射波，实现超声波测距、遥控、防盗等检测功能。

超声波雷达传感器应用的系统与功能不同，其安装位置也有所不同。

超声波雷达传感器是汽车自动泊车辅助系统的主要组成部件之一，安装在汽车前后保险杠的两侧，如图 4-1-1-1 所示，其主要功能是发出和接收超声波信号，然后将信号传递给自动泊车辅助系统模块，用于判断车辆与障碍物之间的距离。

图 4-1-1-2 所示为室内防侵入传感器安装位置，其也是超声波雷达传感器的一种应用，它通常集成在天窗开关内，当车辆中控锁执行闭锁指令，中控锁闭锁激活后，它会侦测乘客车厢内的动静变化，用于激活防盗报警功能。

图 4-1-1-1　超声波雷达传感器安装位置

图 4-1-1-2　室内防侵入传感器安装位置

（2）超声波雷达传感器的结构　超声波雷达传感器的结构如图 4-1-1-3 所示，其内部主要由压电晶片、外壳、锥形共振盘、网状金属丝等部件组成。

压电晶片的两端镀有银，作为导电的极板，压电晶片具有可逆特性，当对压电晶体施加脉冲电压后，晶片会转变成机械振荡而产生超声波；反之，当有超声波反射到压电晶体上面时，压电晶体会随之响应，并产生电信号。

图 4-1-1-4 所示为防侵入传感器的结构，防侵入传感器内部主要由带组合插头的超声波转换器、塑料壳体、位于转换器内侧贴的压电晶片及印制电路板组成。

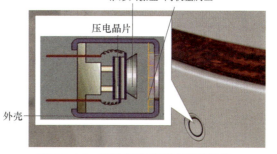

图 4-1-1-3　超声波雷达传感器的结构

3. 超声波雷达传感器的工作原理

超声波雷达传感器在汽车上多用于对距离的检测，传感器产生的超声波在车外进行发射，如果超声波在一定范围内碰到物体，就会有一反射波返回发射源，主机利用发射波和反射波之间的延迟时间和超声波速度就能测得距离。

图 4-1-1-5 所示为超声波测距原理简图，超声波发射端 TX 发射一定频率的超声波信号，启动时钟计数器，接收端 RX 接收障碍物反射的机械回波信号，并将该信号转换为电信号，通过信号放大器识别到该信号后，停止时钟计数器并计算得到回波的时间，进而计

算出障碍物与雷达的距离。例如：超声波在空气中的传播速度为 340m/s，根据计时器记录的时间为 t，就可以计算出发射点距障碍物面的距离 s，即：$s=340t/2$。

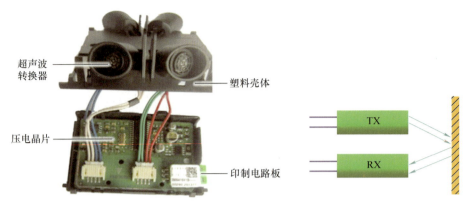

图 4-1-1-4　防侵入传感器的结构　　　　图 4-1-1-5　超声波测距原理简图

（1）**发送模式**　处于发射模式时，超声波雷达传感器的作用相当于扬声器。所选择的超声波频率为 40~50kHz，在这个频率范围内超声波对人和家畜无害。

发送模式简图如图 4-1-1-6 所示，超声波雷达传感器电子装置通过电脉冲使压电陶瓷移动（将电能转化为机械能），压电陶瓷位于外部隔膜的内侧。外部隔膜以共振频率振动并产生超声波，超声波短脉冲序列碰到障碍物后反射回来。

（2）**接收模式**　接收模式简图如图 4-1-1-7 所示，超声波雷达传感器的作用相当于话筒。外部隔膜接收到障碍物反射回来的超声波后，外部隔膜和压电陶瓷会受激振动并向超声波传感器电子装置发送电脉冲（将机械能转化为电能）。

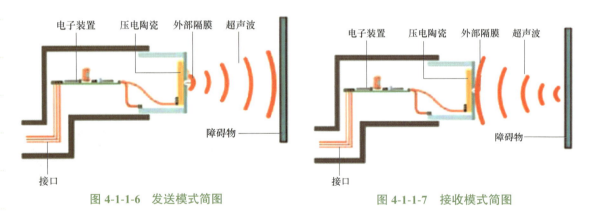

图 4-1-1-6　发送模式简图　　　　　　　图 4-1-1-7　接收模式简图

电气测量信号被数字化处理后会传输给控制单元，控制单元对数据进行处理，通过开始发射的时间和接收到回声的时间可计算出回声传播时间，根据超声波在空气中传播的速度和回声传播时间可计算出至障碍物的距离。

（3）**自动泊车辅助系统**　对于带有自动泊车辅助功能的车辆来说，采用自动泊车辅助传感器的目的是可自动识别库位，并与车辆前部及后部自动泊车辅助传感器相配合，实现自动泊车辅助功能（图 4-1-1-8）。

驾驶人在以小于规定的车速（不同厂家标定的数据不同，有些车辆可以把最低车速降低到 20km/h）搜寻到车位后，系统进入自动泊车辅助控制，并提示驾驶人配合完成 R 位与 D 位的切换，自动泊车过程中同时以声音警示车辆前后的障碍物距离。

（4）**自动泊车辅助传感器** 自动泊车辅助系统使用自动泊车辅助传感器检测车辆角部和前后是否存在障碍物（图 4-1-1-9）。

自动泊车辅助系统通过在组合仪表上显示信息和鸣响蜂鸣器的方式，将传感器与障碍物之间的大致距离以及障碍物的位置告知驾驶人。

图 4-1-1-8　自动泊车辅助系统工作简图

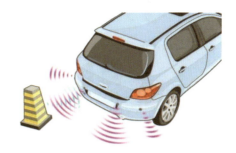

图 4-1-1-9　自动泊车辅助传感器检测障碍物

（5）**防盗原理** 防盗原理简图如图 4-1-1-10 所示，在防侵入传感器启动时，会定时向乘客车厢发送超声波，超声波由车内物品（座椅等）反射回传感器，如果传感器侦测出乘客车厢内因有物体移动导致超声波反射回传感器的时间发生变化，则触发防盗报警器。

4. 超声波雷达传感器的应用

在车辆上，根据其功能特点的不同，超声波雷达传感器应用在自动泊车辅助系统、盲点监测、低速安全和防侵入系统等方面，但由于超声波测量较远距离的目标时，测量精度比较低、误差严重，所以不适合高速移动的物体测距。在低速短距离测量时，超声波雷达优势明显，所以超声波雷达一般只作为泊车雷达使用。下面就具体应用进行介绍。

（1）**自动泊车辅助传感器** 自动泊车辅助传感器探测距离为 30~500cm，安装在汽车前后保险杠的两侧，如图 4-1-1-11 所示，它能检测车辆侧面与障碍物的距离。

图 4-1-1-10　防盗原理简图

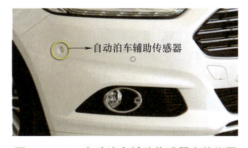

图 4-1-1-11　自动泊车辅助传感器安装位置

（2）**盲点监测系统** 车速 >30km/h 时，盲点监测系统会自动通过超声波雷达传感器探测车辆侧后方，有车辆时，外后视镜上的黄色指示灯会点亮以警示驾驶人；如果拨了转向灯，则指示灯以 5Hz 的频率闪烁，同时仪表板会发出报警声音，如图 4-1-1-12 所示。

（3）**横向辅助系统** 对于带有高速横向辅助功能的车辆来说，通过车辆侧面的 4 个自动泊车辅助传感器，可以在高速上实时监测侧向车道是否有其他车辆靠近，驾驶人可以在组合仪表内实时看到监测图像，这样的设计增加了高速行驶的安全性，如图 4-1-1-13 所示。

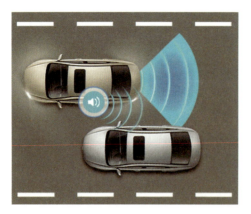 

图 4-1-1-12　盲点监测系统工作简图　　　　图 4-1-1-13　横向辅助系统工作简图

5. 超声波雷达传感器的检测方法

可能造成超声波雷达传感器不能正常工作的原因：

1）传感器的外部装配位置不当。

2）传感器表面有雪或水滴等。

有可能造成超声波雷达传感器探测能力下降的原因：

1）当雪或水落在传感器的探头上时。

2）在热天或非常冷的天。

3）障碍物直径小于 14cm 并且长度小于 1m。

有可能造成超声波雷达传感器误报警的原因：

1）在不平的路面、鹅卵石路面以及草地上。

2）系统靠近其他波源（如车辆喇叭、摩托车发动机噪声、商用车空气制动器制动时的干扰声等）。

3）大雨和泼水。

4）靠近无线电设备（如电台、基站附近等）。

5）当传感器被雪覆盖等。

系统不能检测到下列物体：

1）有尖角的物体和绳索等。

2）能吸收超声波的物体（如棉花、雪和海绵等）。

所以对超声波雷达传感器进行故障诊断前，应优先对以下项目进行检查，因为以下情况可能导致超声波雷达传感器功能异常：传感器安装是否不当或未对齐；传感器是否布满灰尘或冰；工作环境是否在暴雨或暴雪情况下。

（1）**数据流检测**　自动泊车辅助传感器可通过数据流读取判断，进入相应检测模块，例如自动泊车辅助控制模块，如图 4-1-1-14 所示，在数据记录器菜单选择前部或后部自动泊车辅助传感器。挂入 R 位，依次遮挡各个传感器，观察各个传感器的数据流是否有相应变化，如果测试过程中数据流没有任何变化，则说明自动泊车辅助传感器、电路或自动泊车辅助模块存在故障。

（2）**电路检测**　自动泊车辅助传感器电路发生故障后通常都会有相关故障码。以吉利车型为例（图 4-1-1-15），倒车雷达传感器电路检测方法如下：

断开传感器插头，测量 1 号针脚与 3 号针脚之间应有 8V 电源电压，否则应检查传感插头的 1 号针脚与倒车辅助模块插头 1 号针脚之间的电阻，应小于 0.5Ω；传感器插头的 3 号针脚与倒车辅助模块插头 2 号针脚之间的电阻，应小于 0.5Ω；连接传感器插头，测量 2 号针脚与 3 号针脚之间应有信号电压，否则应该检查传感插头的 2 号针脚与倒车辅助模块插头 11 号针脚之间的电阻，应小于 0.5Ω。

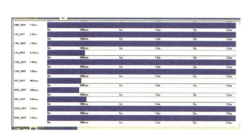

图 4-1-1-14　自动泊车辅助传感器数据流检测

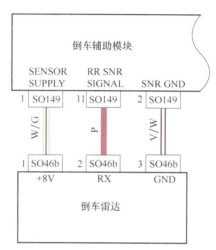

图 4-1-1-15　自动泊车辅助传感器电路检测

（3）**波形检测**　图 4-1-1-16 所示为自动泊车辅助传感器工作波形检测。自动泊车辅助系统开启后，其自动泊车辅助传感器电压约为 8V，传感器与障碍物的距离发生变化时，应该有波形信号变化，否则说明传感器存在故障。

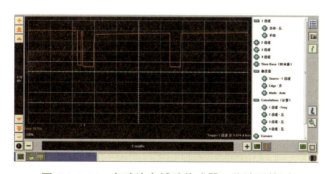

图 4-1-1-16　自动泊车辅助传感器工作波形检测

四、能力训练

任务描述：

利用诊断仪和万用表对超声波雷达传感器进行数据流、电路和性能的检测。

1. 操作条件

工具资料	名　称	规　格	备　注
资料	车型维修手册	电子版或纸质版	对应车型及年款
	技术快讯	对应车型	根据实际情况确定有无
工具与设备	诊断仪	匹配车型版本	—
	万用表	适用于低压电路检测	—
	手动工具	带有绝缘材料	套装
操作对象	对上汽 ID4 的倒车雷达传感器检测		

2. 安全及注意事项

1）检测前确保高压电路处于断开状态。

2）应穿戴好绝缘手套并铺设绝缘垫。

3）在拆卸前要彻底清洁连接处、维护开口及其周围区域。

4）将拆下的部件放在干净的垫子上并盖住，请勿使用容易掉毛的抹布。

5）如果无法立即进行维修，则要仔细地盖好或密封已打开的部件。

6）只允许安装干净的部件。

7）安装前才从包装中取出配件。

8）请勿使用无包装保存（例如在工具箱内等）的部件。

9）只有在安装前才拆下运输保护包装和密封盖。

10）对于打开的装置，不得使用压缩空气操作，不要移动车辆。

11）检测过程中确保诊断仪等检测工具不被人为损坏。

12）测量完毕后，检测设备放回原位，严禁随意摆放。

3. 操作过程

序　号	步　骤	操作方法及说明	质　量　标　准
1	检测外观	1）检查超声波雷达传感器安装位置是否正确 2）检查传感器表面是否清洁，有无脏污	
2	读取数据流	1）连接诊断仪，进入超声波雷达传感器数据流读取界面 2）在传感器前不断移动，观察传感器数据是否有变化 3）如果没有变化，需要检查传感器电路	

（续）

序号	步骤	操作方法及说明	质量标准
3	检测传感器电源电压	在传感器1号端子和3号端子安装探针 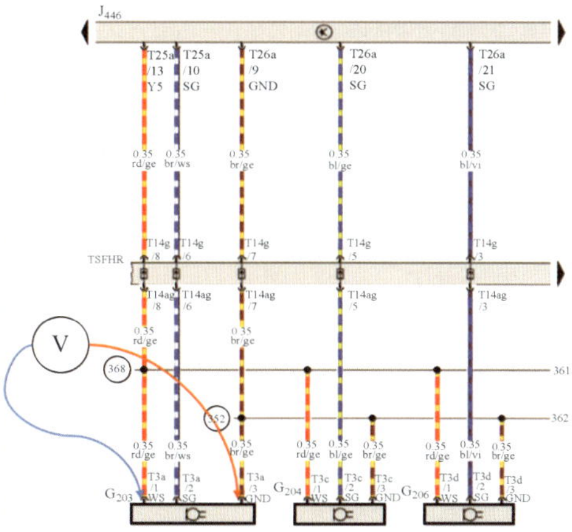	打开起动开关，用万用表测量1号和3号端子之间的电压，正常为8V，如果不正常，需要检查雷达与模块之间的连线导通情况
4	检测传感器信号电压	在传感器2号和3号端子安装探针 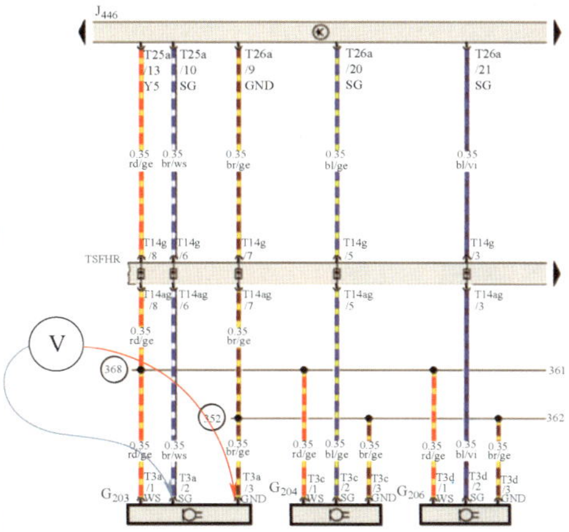	打开起动开关，用万用表测量2号和3号端子之间的电压，然后在传感器前面不断移动，电压应该有变化，如果不发生变化，需要检查雷达与模块之间的连线导通情况
5	检测传感器电路导通性	关闭起动开关，保证电路没有电压，检查传感器到控制模块电源线的导通性 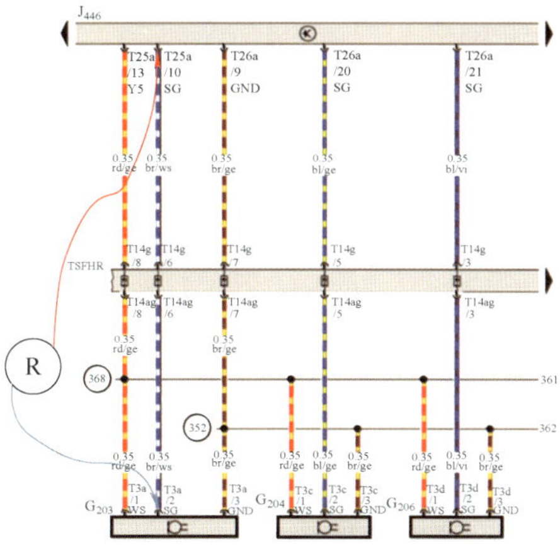	标准值应该小于0.5Ω 1）检查传感器到控制模块信号线的导通性，标准值应该小于0.5Ω 2）检查传感器到车身的回路线导通性，标准值应该小于0.5Ω

> **情境问题一：**
>
> 不同的车型超声波雷达传感器配置不同，其布置有什么规律和要求？
>
> 提示：根据车型配置的不同，超声波雷达传感器的安装个数也不同。主要形式有以下几种：
>
> 1）形式一：尾部安装 4 个超声波雷达传感器。
>
> 2）形式二：前部安装 2 个超声波雷达传感器，后部安装 4 个超声波雷达传感器。
>
> 3）形式三：前部安装 6 个超声波雷达传感器，后部安装 4 个超声波雷达传感器。
>
> 4）形式四：前后分别安装 6 个超声波雷达传感器。

> **情境问题二：**
>
> 自动泊车辅助传感器检测范围有没有要求？
>
> 提示：自动泊车辅助传感器的工作特性如下：
>
> 在实际工作过程中，前自动泊车辅助传感器可以检测以下距离物体：
>
> 1）距车身前部约 60cm（外部传感器）。
>
> 2）距车身前部约 180cm（内部传感器）。
>
> 3）位于地面上方约 30cm 的障碍物。
>
> 后自动泊车辅助传感器可以检测以下物体：
>
> 1）距车身尾部约 60cm（外部传感器）。
>
> 2）距车身尾部约 180cm（内部传感器）。
>
> 3）位于地面上方约 30cm 的障碍物。

4. 学习结果评价

序号	评价内容	评价标准	评价结果(是/否)
1	超声波雷达传感器的外观检测	能够进行超声波雷达传感器的外观检测	
2	超声波雷达传感器数据流的读取	能够利用诊断仪快速进入超声波雷达传感器的数据读取界面并进行传感器的性能分析	
3	超声波雷达传感器的电压测量	能够正确利用万用表进行超声波雷达传感器的电源电压和信号电压的检测	
4	超声波雷达传感器与控制模块连线的导通性检查	能够按照维修手册要求对超声波雷达传感器与控制模块的连线进行导通性检查	
5	信息检索的使用	能够使用正确的关键词获取所需的学习信息	
6	信息的传达	能够清晰明地表达自己的想法	
7	工作方法改进的意识	能够根据任务完成的结果制订有效的优化方案	
8	安全操作规范	能够按安全操作规范使用工量具	

五、课后作业

1. 根据学习内容，确定超声波雷达传感器内部结构与名称，用直线连接。

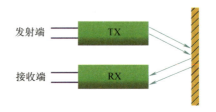

2. 根据学习内容，完善下列检测过程中的关键信息。

```
超声波雷达传感器检测：数据流的读取
            │
            ▼
进入路径：(      )—(      )—(      )，
采取(      )措施，使数据流变化
            │
            ▼
超声波雷达传感器电源电压检测：
红表笔与(      )搭接，黑表笔
与车身搭铁搭接
            │
            ▼
测量结果为          检测超声波雷达传感器电源与模块的
(      )    ───►   导通性：万用表拨至(      )档位，红
            │      表笔与模块(      )#端子搭接，黑表笔
            ▼      与传感器(      )#端子搭接
超声波信号电压检测：红表          │
笔与(      )搭接，黑表笔          ▼
与车身搭铁搭接                测量结果为
            │                 (      )
            ▼                    │
测量结果为(      )                ▼
            │                结论：(正常/不正常)
            ▼
结论：(正常/不正常)
```

职业能力 4-1-2　正确检测毫米波雷达传感器

一、核心概念

毫米波；多普勒效应；毫米波雷达传感器。

二、学习目标

知识目标：能够描述毫米波雷达传感器的检测方法；能够解释利用仪表标定毫米波雷达传感器的方法。

技能目标：能够执行毫米波雷达传感器的检测和标定。

素养目标：培养学生包容性思维。

三、基本知识

毫米波雷达传感器早期被应用于军事领域，1999 年，奔驰率先将毫米波雷达传感器用于自适应巡航控制（ACC）系统，随着雷达技术的发展与进步，从基础的自适应巡航控制（ACC）、自动紧急制动（AEB）、前方碰撞预警（FCW）到盲点监测（BSD）系统，以及后来的智能驾驶泊车出入、后方横向来车预警（RCTA）系统等，都有毫米波雷达的参与。

微课：毫米波雷达传感器标定

1. 毫米波雷达传感器的基本概念

（1）毫米波　毫米波是指频率范围在30~300GHz（波长介于1~10mm）的电磁波，毫米波雷达传感器测距原理跟超声波雷达传感器一样，但其探测距离比超声波雷达传感器远，尤其是测量远距离高速移动目标时，反应速度快且精度高。与红外线、激光、摄像头等光学传感器相比，毫米波雷达穿透雾、烟、灰尘的能力强，具有全天候、全天时的特点。

（2）多普勒效应　多普勒效应是指当声音、光和无线电波等振动源与接收器以相对速度运动时，接收器所收到的振动频率与振动源发出的频率不同的现象。

（3）毫米波雷达传感器　毫米波雷达传感器使用毫米波进行距离、角度和相对速度检测。目前车载毫米波雷达传感器按照其频率不同，主要可分为24GHz、77GHz两种频段，功能区别如下：

1）24GHz频段：能够实现的ADAS功能有盲点监测、变道辅助等，在自动驾驶系统中常用于感知车辆近处的障碍物，为换道决策提供感知信息。因为该频段侦测距离不够远，因此大部分用来做盲区、障碍物的侦测。

2）77GHz频段：最大检测距离可以达到160m以上，因此常被安装在前保险杠上，正对汽车的行驶方向。长距离雷达能够用于实现紧急制动、高速公路跟车等ADAS功能，同时也能满足自动驾驶领域对障碍物距离、速度和角度的测量需求。

2. 毫米波雷达传感器的功能与结构

（1）毫米波雷达传感器的功能　目前毫米波雷达传感器被广泛应用在高级驾驶辅助系统（ADAS）中，可以测量从雷达到被测物体之间的距离、角度和相对速度等，让车辆有足够的时间来制动或躲闪。

图4-1-2-1框中所示为吉利星越智能自适应巡航控制系统装配的中距离毫米波雷达传感器，安装于前保险杠下方，用于实时监测前方路面车辆的情况。

宝马740Li车型装配有先进的驾驶辅助系统，全车共装配有5个毫米波雷达传感器。

图4-1-2-2所示为自适应巡航控制系统装配的77GHz长距毫米波雷达传感器，安装于前部保险杠进气口格栅后方，可以识别出最远200m的前方车辆，其功能包括判断前方车辆的大小、与前方车辆的距离以及前方车辆的速度。

图4-1-2-1　吉利星越毫米波雷达传感器安装位置

图4-1-2-2　宝马前方毫米波雷达传感器安装位置

图4-1-2-3所示为侧面碰撞警告系统装配的左右2个毫米波雷达传感器，它安装在前保险杠左右下方，用于检测自身车辆前方和两侧近距离区域内的车辆状况。

图4-1-2-4所示为行车道变更警告系统装配的2个毫米波雷达传感器，位于后保险杠左右下方，当有车辆快速驶近或驶入自身车辆侧后方死角区域内时，毫米波雷达传感器会

识别出相邻车道上的车辆。

图 4-1-2-3　宝马前侧向毫米波雷达传感器安装位置

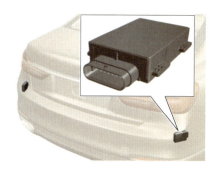

图 4-1-2-4　宝马后侧向毫米波雷达传感器安装位置

（2）毫米波雷达传感器的结构　毫米波雷达传感器的结构如图 4-1-2-5 所示，毫米波雷达以调频连续波（FMCW）车载雷达为例，主要由雷达整流罩、单片微波集成电路（MMIC）、壳体、雷达印制电路板（PCB）、电气插接器和压铸底板组成，其核心部件是 MMIC 和雷达 PCB。

MMIC 包括多种功能电路，如低噪声放大器（LNA）、功率放大器、混频器、收发系统等。

雷达 PCB 集成毫米波雷达天线，要在较小的集成空间中保持天线足够的信号强度，其主流方案是微带阵列，简单说就是将高频 PCB 集成在普通的 PCB 基板上实现天线的功能。

3. 毫米波雷达传感器的工作原理

毫米波雷达传感器的核心原理是采用了多普勒效应。多普勒效应的特征是，当目标向雷达天线靠近时，反射信号频率高于发射信号频率；反之，当目标远离天线时，反射信号频率低于发射信号频率。

（1）多普勒测距原理　多普勒测距原理如图 4-1-2-6 所示，雷达的振荡器产生一个频率随时间逐渐增加的一个电磁波，这个电磁波遇到障碍物会被反射并被接收。障碍物越远，反射波被接收到的时间间隔就越长，通过计算公式，就可以计算出雷达与障碍物之间的距离。

图 4-1-2-5　毫米波雷达传感器的结构

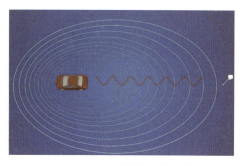

图 4-1-2-6　多普勒测距原理简图

（2）多普勒测速原理　多普勒测速原理如图4-1-2-7所示，多普勒效应造成的频率变化，称为多普勒频移，它与相对速度成正比，与振动频率成反比。通过检测频率差，就可以测得目标相对雷达的速度。

当目标靠近毫米波雷达传感器时，接收信号频率大于发射信号频率；反之当目标背离毫米波雷达传感器时，接收信号频率小于发射信号频率，通过数字处理器，就可以得出毫米波雷达传感器与目标之间的相对速度及相对距离。

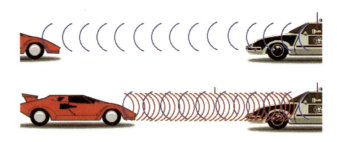

图4-1-2-7　多普勒测速原理简图

（3）多普勒测角原理　多普勒测角原理如图4-1-2-8所示，毫米波雷达传感器的探测原理是：通过毫米波雷达传感器的发射天线发射出毫米波后，遇到被监测物体，反射回来，通过毫米波雷达传感器并列的接收天线，根据收到同一监测目标反射回来的毫米波的相位差，就可以计算出被监测目标的方位角。

毫米波雷达传感器的多普勒测角原理　如图4-1-2-9所示，车载毫米波雷达传感器向外发射毫米波，接收来自前方或后方目标反射回来的信号，并通过雷达信号处理器进行综合分析，计算出与前方或后方障碍物的相对速度、相对距离、角度、运动方向等，然后根据所探知的物体信息进行目标追踪和识别分类，进而结合车身动态信息进行数据融合，最终通过电控单元（ECU）进行智能处理，生成信息传递给汽车控制电路，由汽车控制电路控制汽车变速器和制动器做出应对动作，从而避免发生碰撞。

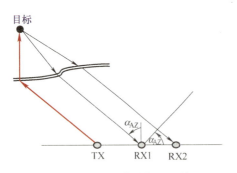

图4-1-2-8　多普勒测角原理简图

图4-1-2-9　毫米波雷达传感器的多普勒测角原理

4. 毫米波雷达传感器的应用

毫米波雷达传感器应用如图4-1-2-10所示，毫米波雷达传感器在高级驾驶辅助系统（ADAS）上应用大致分为前向雷达和后向雷达。

前向毫米波雷达：包含自适应巡航控制（ACC）、自动紧急制动（AEB）、前方碰撞预警（FCW）、主动车道控制（ALC）、行人检测系统（PDS）。

后向毫米波雷达：包含盲点监测（BSD）、变道辅助（LCA）、后方碰撞预警

（RCW）、开门预警（DOW）、后方横向来车预警（RCTA）等。下面以自适应巡航控制系统、变道辅助系统、盲点监测系统为例介绍毫米波雷达传感器在汽车上的应用。

图 4-1-2-10　毫米波雷达传感器应用简图

（1）自适应巡航控制系统　如图 4-1-2-11 所示，自适应巡航控制（ACC）系统是对传统巡航控制系统的扩展，可以根据驾驶人设定的车间时距自动保持与前方车辆间的相对距离。在车辆行驶过程中，安装在车辆前部的车距传感器（雷达）持续扫描车辆前方道路，同时轮速传感器采集车速信号。当与前车之间的距离过小时，ACC 控制单元可以通过与防抱死制动系统、发动机控制系统协调动作，使车轮适当制动，并使发动机的输出功率下降，以使车辆与前方车辆始终保持安全距离。

用于自适应巡航控制（ACC）系统的毫米波雷达传感器安装在车辆前方保险杠内，如图 4-1-2-12 所示。

图 4-1-2-11　自适应巡航控制简图

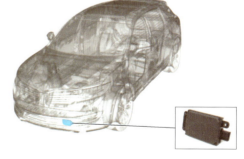

图 4-1-2-12　ACC 系统毫米波雷达传感器安装位置

（2）变道辅助系统　变道辅助系统可识别出自身车辆变更车道时可能会发生危险的交通情况，如图 4-1-2-13 所示，远处车辆快速从后方驶近本车或车辆位于死角区域时，在变道时驾驶人自己可能无法或很难对这种情况做出评估，特别是在光线阴暗的条件下。毫米波雷达传感器可在任何光线条件下识别出死角区域内的车辆。

（3）盲点监测系统　所谓盲点监测系统就是通过毫米波雷达传感器，在车辆行驶时对车辆两侧的盲区进行探测，如图 4-1-2-14 所示，如果有其

> **注意：**
>
> 该系统装配的毫米波雷达传感器的有效探测距离因车型不同而有所差异。

他车辆进入盲区，会在后视镜对驾驶人进行提示，以告知驾驶人车辆周边情况，从而大幅度降低因驾驶人无法观察到盲区所存在的潜在危险。

图 4-1-2-13　变道辅助系统简图　　　　　图 4-1-2-14　盲点监测系统简图

用于盲点监测系统的毫米波雷达传感器安装在后保险杠内侧车身上，通常有两个雷达传感器，左侧和右侧各一个，如图 4-1-2-15 所示。

5. 毫米波雷达传感器的检测方法

毫米波雷达传感器应用在车辆上时，通常与驾驶辅助雷达模块集成在一起，为确保雷达传感器探测距离及探测位置的精准度，系统对雷达传感器的安装安置及校准情况有很高的要求。因此，与此相关的故障可能表现为雷达传感器的校准故障、电路故障和模块自身内部故障。

（1）电路检测　以图 4-1-2-16 所示电路图车型为例，毫米波雷达传感器电路通常为起动开关 ON 档电源、搭铁和 CAN 网络组成，在检测中测量相应电路即可。

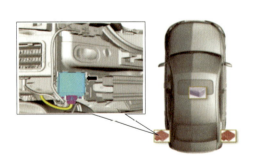
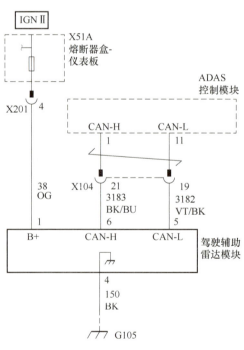

图 4-1-2-15　盲点监测系统毫米波雷达传感器安装位置　　　　　图 4-1-2-16　毫米波雷达传感器电路检测

电源线 1# 针脚打开起动开关时，应为蓄电池电压；CAN 电路 6# 针脚 CAN-H 约为 2.6V，5# 针脚 CAN-L 约为 2.4V。

（2）数据流检测　毫米波雷达传感器性能可通过数据流进行检测，进入相应检测模块

（图 4-1-2-17），例如自适应巡航控制模块，在数据记录器菜单选择前中距毫米波雷达传感器。遮挡传感器，观察传感器的数据流是否有相应变化，如果测试过程中数据流没有任何变化，说明传感器、电路或自适应巡航控制模块存在故障。

车型选择>>星越>>星越混动>>系统选择>>前雷达系统(FRS)>>读数据流>>数据流

名称	值	单位	标准值
ECU(电子控制器)电源电压	13.30	V	
车速	0	km/h	
工厂模式	关闭	/	
控制器温度	46	℃	
缓慢失调角	-0.15	°	
快速失调角	-0.15	°	
水平偏离角度	0	°	
垂直偏离角度	0	°	
反射器位置	就绪(Ready)	/	
工人操作	位置1(Position1)	/	

图 4-1-2-17　毫米波雷达传感器数据流检测

6. 毫米波雷达传感器的标定方法

在车辆发生事故影响到雷达传感器或者雷达传感器出现问题时，需要对雷达进行标定。在对雷达标定前，需要注意雷达的安装位置是否符合要求。对于雷达标定程序，通常分为两部分标定，即安装位置标定和路试标定。不同车型标定方法可能有所不同。

（1）安装位置标定　位置标定实际是一个机械标定过程，在进行位置标定前，需要完成以下准备工作：

为了标定驾驶辅助雷达模块，必须移除前保险杠以便接触到传感器，并且车辆必须位于车轮定位工位以保持车辆水平。

驾驶辅助雷达模块支架损坏可能会影响精确对齐。标定驾驶辅助雷达模块时，检查驾驶辅助雷达模块支架是否损坏，必要时进行维修，然后再执行标定程序。

步骤：

1）拆卸前保险杠盖。

2）将车辆移动到车轮定位工位（保证车辆水平）。

3）找到驾驶辅助雷达模块对齐螺钉（图 4-1-2-18）。

在驾驶辅助雷达模块的表面上放置一个方形水准仪组合，检查对齐情况（图 4-1-2-19）。

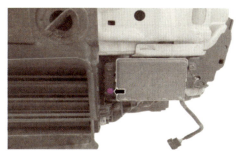

图 4-1-2-18　对齐螺钉

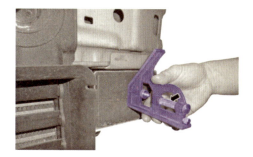

图 4-1-2-19　方形水准仪组合

将方形水准仪组合保持在驾驶辅助雷达模块的表面，使用专用工具调整螺钉，从而调整倾斜度，直至驾驶辅助雷达模块垂直和平衡（图4-1-2-20）。

图4-1-2-20 调整倾斜度

> **注意：**
> 在安装前保险杠罩前，清洁和去除前、后面盖的任何碎片。

（2）**路试标定** 路试标定时要时刻注意安全；车速以维修手册规定的速度行驶，保持平稳匀速的直线行驶；标定时应选择晴朗的或视线良好的天气；路试的道路要整洁平坦，无红绿灯并保持畅通，道路两侧有护栏和路灯柱或路牌；标定进度一般应在5min以内完成，标定未完成前需保持标定条件继续行驶；当标定成功后，仪表故障指示灯会熄灭，同时诊断仪会提示"成功"，此时辅助技师操作诊断仪单击"确定"，完成测毫米波雷达传感器标定。

四、能力训练

任务描述：

利用诊断仪和万用表对荣威marvel X毫米波雷达传感器进行故障读取和电路的检测，并进行传感器的更换和标定。

1. 操作条件

工具资料	名 称	规 格	备 注
资料	车型维修手册	电子版或纸质版	对应车型及年款
	技术快讯	对应车型	根据实际情况确定有无
工具与设备	诊断仪	匹配车型版本	—
	万用表	适用于低压电路检测	—
	标定专用工具	匹配车型专用工具	—
	手动工具	—	套装
操作对象	对荣威marvel X ACC系统进行毫米波雷达传感器检测		

2. 安全及注意事项

1) 检测前确保高压电路处于断开状态。
2) 在拆卸前要彻底清洁连接处、维护开口及其周围区域。
3) 将拆下的部件放在干净的垫子上并盖住，请勿使用容易掉毛的抹布。
4) 如果无法立即进行维修，则要仔细地盖好或密封已打开的部件。
5) 只允许安装干净的部件。

项目04 智能汽车环境感知系统传感器检测

6）安装前才从包装中取出配件。
7）请勿使用无包装保存（例如在工具箱内等）的部件。
8）只有在安装前才拆下运输保护包装和密封盖。
9）对于打开的装置，不要用压缩空气操作，不要移动车辆。
10）检测过程中确保诊断仪等检测工具不被人为损坏。
11）测量完毕后，检测设备放回原位，严禁随意摆放。

3. 操作过程

序 号	步 骤	操作方法及说明	质 量 标 准
1	读取故障码	1）连接诊断仪至诊断测试接口 2）操作起动开关使电源模式至 ON 状态 3）进入诊断仪 ACC 系统进行故障码读取	
2	检测电路		1）测量8号端子对1号端子电压，电压为电源电压 2）测量2号端子对搭铁电压，应为2~3V 3）测量3号端子对搭铁电压，应为2~3V 4）测量5号端子对搭铁电压，应为2~3V 5）测量6号端子对搭铁电压，应为2~3V 如果没有电压，需要检查传感器到控制模块的电路导通情况
3	更换和安装传感器	1）确定安装传感器条件是否具备 2）安装传感器，使用专用工具调整螺钉，从而调整倾斜度，直至辅助雷达模块垂直	按要求调整后试车
4	路试和标定传感器	1）安装完毕后，连接诊断仪，进入毫米波雷达传感器标定界面进行路试标定（需要有驾驶经验丰富的老师驾驶车辆） 2）车辆必须以不低于40km/h且不高于60km/h的车速在左右两侧有电线杆等排列整齐标志物的长直道上行驶一段时间	控制单元内无故障码存储，车辆功能正常

95

(续)

序 号	步 骤	操作方法及说明	质量标准
4	路试和标定传感器	3）当模块标定进度完成100%，下电等待1min（此时避免开关车门、车窗、娱乐主机等唤醒总线的操作），再重新上电 4）如果诊断仪自学习后偏差角超过阈值，可通过诊断设备读取需要调整的标定螺栓圈数和方向。依此调节水平方向标定螺栓（左上角螺栓）后，再次进行驾驶 	控制单元内无故障码存储，车辆功能正常

情境问题：

有哪些波段毫米波雷达传感器能被智能汽车使用？

提示：毫米波雷达传感器应用范围极广，可以作为军用和民用，所以对于毫米波雷达传感器波段的使用是有严格规定的，其中24GHz、60GHz、77GHz波段可以能被智能汽车使用。

4. 学习结果评价

序号	评价内容	评价标准	评价结果(是/否)
1	毫米波雷达传感器的数据流的读取	能够利用诊断仪快速进入ACC系统的数据读取界面	
2	毫米波雷达传感器的电路检测	能够按照电路图对毫米波雷达传感器的电路进行检测	
3	毫米波雷达传感器的安装	能够正确利用专用工具进行毫米波雷达传感器的安装	
4	毫米波雷达传感器的路试标定	能够按照诊断仪的提示进行标定操作	
5	信息检索的使用	能够使用正确的关键词获取所需的学习信息	
6	信息的传达	能够清晰明确地表达自己的想法	
7	工作方法改进的意识	能够根据任务完成的结果制订有效的优化方案	
8	安全操作规范	能够按安全操作规范使用工量具	

五、课后作业

1. 根据学习内容，确定以下图中哪个是被测目标车辆，哪个是主动测量车辆。
2. 根据学习内容，完善下列检测过程中的关键信息。

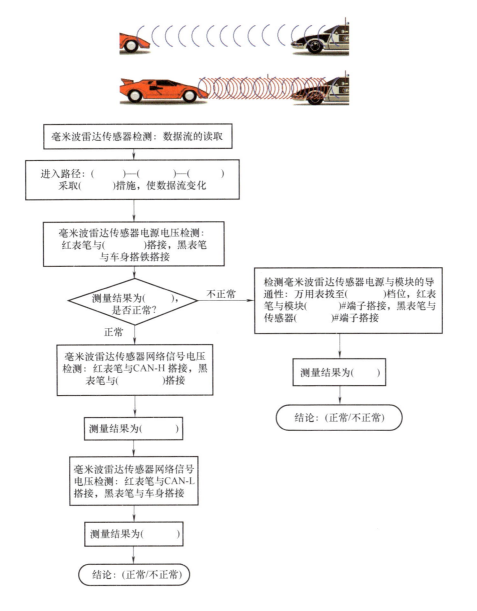

职业能力 4-1-3　正确检测激光雷达传感器

一、核心概念

激光；激光雷达传感器。

二、学习目标

知识目标：能够描述激光雷达传感器的检测方法；能够解释激光雷达传感器的类型并阐述在汽车上的应用。

技能目标：能够列出激光雷达传感器的标定注意事项；能够进行激光雷达传感器的检测和标定。

素养目标：培养学生创新思维。

三、基本知识

激光雷达以激光作为载波，激光是光波波段的电磁辐射，波长比微波和毫米波要短得多。激光雷达具有以下特点：

1）全天候工作，不受白天和黑夜的光照条件的限制。

2）激光束发散角小，能量集中，有更好的分辨率和灵敏度，探测精度高。

3）激光雷达具有三维建模功能，能够检测周围360°所有物体。

1. 激光雷达传感器的基本概念

（1）激光　激光属于电磁波的一种，是电磁场的一种运动形态。激光发出具有高方向性的光束，组成的光波在一条直线上传播，不会扩散。激光束内的光波都是相同颜色的，此性质称为单色性。

（2）激光雷达传感器　激光雷达传感器是一种用于精确获得三维位置信息的传感器，其工作原理与一般的雷达系统类似，通过发射激光光束来探测目标，并通过搜集反射回来的光束来获取数据，这些数据经光电处理后可生成为精确的三维立体图像。

2. 激光雷达传感器的功能与结构

（1）激光雷达传感器的功能　激光雷达传感器是以发射激光束来探测目标位置的雷达系统，其功能包含搜索和发现目标；测量距离、速度、角位置等运动参数；测量目标反射率、散射截面和形状等特征参数。

图4-1-3-1所示为奥迪A8L激光雷达传感器安装位置，它安装在保险杠中间、牌照支架下方。其在功能方面与远距离雷达传感器一样，都是用于探测车辆前方的物体的。

图4-1-3-1　奥迪A8L激光雷达传感器安装位置

（2）激光雷达传感器的结构　激光雷达传感器主要由激光发射系统、激光接收系统、扫描系统和信息处理系统四部分组成。激光雷达传感器基本结构如图4-1-3-2所示。

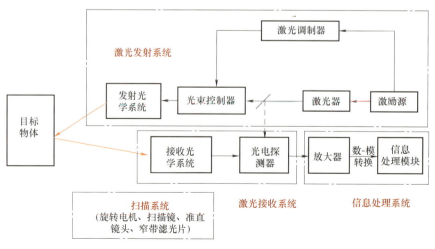

图4-1-3-2　激光雷达传感器基本结构

1）激光发射系统。激光发射系统的激励源周期性地驱动激光器，发射激光脉冲，激光调制器通过光束控制器控制发射激光的方向和线数，最后通过发射光学系统将激光发射至目标物体。

2）激光接收系统。激光接收系统经接收光学系统光电探测器接收目标物体反射回来的激光，产生接收信号。

3）信息处理系统。信息处理系统将接收信号经过放大处理和数-模转换后，由信息处理模块计算，获取目标表面形态、物理属性等特征，最终建立物体模型。

4）扫描系统。扫描系统以稳定的转速旋转起来，实现对所在平面的扫描，并产生实时的平面图信息。

3. 激光雷达传感器的分类

主要从以下两方面进行激光雷达传感器的分类：按照线数和有无旋转件进行分类。

（1）按照线数分为单线激光雷达传感器和多线激光雷达传感器

1）单线激光雷达传感器。激光雷达传感器的基本构成是发射器和接收器。单线激光雷达传感器就是只有一个激光发射器和一个激光接收器，经过电动机的旋转投射到前面是一条直线，如图 4-1-3-3 所示。单线激光雷达传感器的好处是数据量少、效率高、稳定性好、技术成熟，但是只能平面式扫描，不能测量物体高度，有一定的局限性，主要应用于扫地机器人、酒店服务机器人等。

2）多线激光雷达传感器。多线激光雷达传感器主要应用于雷达成像系统，相比单线激光雷达传感器在维度提升和场景还原上有了质的改变，可以识别物体的高度信息。多线激光雷达传感器可以做到 3D 成像，能够实现行车环境的高精度建模，如图 4-1-3-4 所示。目前市场上推出的多线激光雷达传感器主要有 4 线、8 线、16 线、32 线、64 线和 128 线。

图 4-1-3-3　单线激光雷达传感器

图 4-1-3-4　多线激光雷达传感器

（2）按照有无旋转件分为机械式激光雷达传感器和全固态激光雷达传感器

1）机械式激光雷达传感器。机械式激光雷达传感器指发射和接收系统通过不断旋转发射头，将发出的激光从线变成面，并在竖直方向上排布多束激光，形成多个面，进而达到动态 3D 扫描并连续接收信息的目的。机械式激光雷达传感器作为在自动驾驶车辆上最先应用的激光雷达传感器产品，具有扫描速度快、接收视场大、可承受较高的激光功率等优点；但也具有结构笨重、质量和体积较大、装调工作复杂、价格高等缺点。其结构如图 4-1-3-5 所示，有伺服电动机辅助进行反光镜的旋转。

图 4-1-3-6 所示为微机电系统（Micro-Electro-Mechanical System，MEMS）激光雷达传感器，MEMS 雷达传感器主要由激光二极管、扩散透镜、接收机镜头、光电二极管、集成电路、摆动发射镜等部件构成，其特点是将机械机构微型化、电子化，通过微电子工艺在硅芯片上集成 MEMS。整机能实现 360° 水平旋转来完成水平扫描。

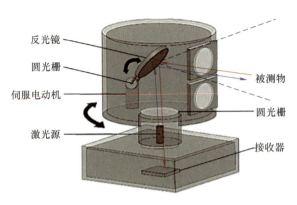

图 4-1-3-5　机械式激光雷达传感器结构

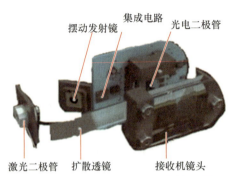

图 4-1-3-6　MEMS 激光雷达传感器

2）全固态激光雷达传感器。全固态激光雷达传感器内部没有运动部件，目前市场上主要的全固态激光雷达传感器产品有光学相控阵激光雷达传感器、调频连续波激光雷达传感器、纳米天线阵列激光雷达传感器和泛光面阵式激光雷达传感器。全固态激光雷达传感器耐久性、可靠性最佳，符合自动驾驶对雷达固态化、小型化和低成本化的需求。

图 4-1-3-7 所示，为光学相控阵（Optical Phased Array，OPA）激光雷达传感器原理，它完全取消了机械结构，结构上更加简单，体积更小。OPA 激光雷达传感器的原理是采用了多个光源组成阵列，通过控制各光源发光的时间差，就可以合成能够灵活控制角度方向的主光束，以实现对不同方向的扫描，最终形成三维矩阵。

4. 激光雷达传感器的工作原理

激光雷达传感器的工作原理与毫米波雷达传感器工作原理相似，工作时，通过测量激光信号的时间差、相位差确定距离，通过水平旋转扫描或者相控扫描测量角度，再通过不同俯仰角度信号获得高度信息，从而获取整体的三维信息。

（1）激光雷达传感器测距特性　其测距特性与毫米波雷达传感器是类似的，但它发出的不是雷达波而是激光束，光束照射到其他物体表面后会反射回来。通过测量激光射束从发射到接收所需要花费的时间，就可以确定出本车与相应物体之间的距离（图 4-1-3-8）。

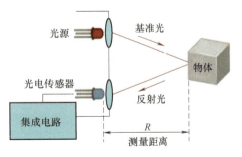

图 4-1-3-7　OPA 激光雷达传感器原理简图

图 4-1-3-8　激光雷达传感器测距

（2）激光雷达传感器测距原理　根据发射激光信号的不同形式，激光测距方式可分为脉冲测距和连续波相位激光测距两大类。

1）脉冲测距原理。图 4-1-3-9 所示为脉冲测距原理，激光器发射一个激光脉冲，并由计时器记录下发射的时间，回光经接收器接收，并由计时器记录下返回的时间，两个时间相减即得到了光的"飞行时间"，而光速是一定的，因此在已知速度和时间后，就可以计算出距离。

2）连续波相位测距原理。连续波相位测距原理是通过对发射的激光强度进行连续的调制，然后测定调制光波往返过程中所经过的激光相位变化，回波的延迟产生了相位的延迟，测出相位差就测出了目标距离（图 4-1-3-10）。

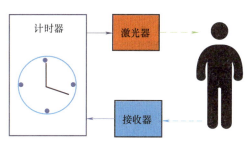

图 4-1-3-9　脉冲测距原理

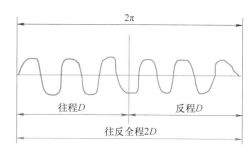

图 4-1-3-10　连续波相位测距原理

5. 激光雷达传感器的应用

与超声波雷达传感器、毫米波雷达传感器相比，激光雷达传感器探测距离较远，且能准确获取物体的三维信息，辨识能力、测量能力较强。随着智能自动驾驶、智慧交通的不断推进，诸多豪华汽车品牌装配有激光雷达传感器，例如奥迪 A8L 和宝马 740Li、奔驰 S600L 车型的自适应巡航控制系统都有激光雷达传感器的应用。

（1）**激光车距调节系统**　为了实现复杂的驾驶辅助功能，奥迪 A8L 车型上使用了激光车距调节系统，如图 4-1-3-11 所示。该系统在有限的空间内，集多种功能于一体，且低成本，能轻松应对路面上的多种危险交通状况，能轻易集成到任何车体并观察到任何角度。

该系统的激光雷达传感器水平探测范围覆盖了约 145° 的角度，远大于其他雷达系统的 35° 探测角，其作用距离平均约为 80m，车距为 10cm 时仍能对物体做出识别，水平分辨率为 0.25°，比其他雷达技术精准度高很多。

（2）**自动驾驶**　由于激光雷达传感器比摄像头具有更出色的成像能力，一直以来被当作自动驾驶的核心传感器。激光雷达传感器相较于摄像头的好处是它能得到准确的三维信息，而且自身是主动光源，能够不受光照的影响，白天和晚上都能照常工作。

具有自动驾驶的车辆，通常在车辆的顶部装配有激光雷达传感器，如图 4-1-3-12 所示，其与图像识别等技术搭配使用，能使汽车实现对路况的判断。

6. 激光雷达传感器的检测方法

激光雷达传感器应用在车辆上时，通常与驾驶辅助雷达模块集成在一起，为确保雷达传感器探测距离及探测位置的精准度，系统对雷达传感器的安装安置及校准情况有很高的要求。因此，与此相关的故障可能表现为雷达传感器的校准故障、电路故障和雷达模块自身内部故障。

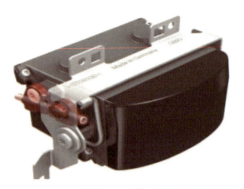
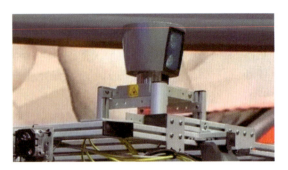

图 4-1-3-11　奥迪 A8L 激光车距调节系统　　　　图 4-1-3-12　车顶机载激光雷达传感器

（1）数据流检测　图 4-1-3-13 和图 4-1-3-14 所示为奥迪 A8L 激光雷达传感器的数据流，包括：

1）激光雷达传感器控制单元 J1122 电源电压。

2）激光扫描仪清洗请求：未激活。

3）反光镜调节的电动机转速。

4）激光雷达探头横摆角：0.26°。

5）俯仰角度：-1.0°。

6）倾侧角：0.8°。

7）故障状态：无故障。

图 4-1-3-13　数据流检测 1

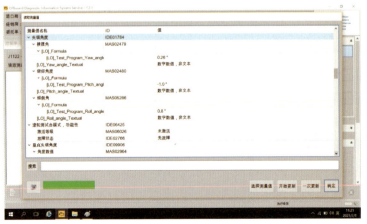

图 4-1-3-14　数据流检测 2

针对激光雷达传感器进行数据流检测时，观察上述数据流可以判断激光雷达传感器状态是否正常。如果提示有故障，需要进行相关电路检测，如果电路正常，说明激光雷达传感器故障。

（2）电路检测　以奥迪 A8L 车型为例，激光雷达传感器电路通常由起动开关 ON 档电源、搭铁和 FlexRay 网络组成，如图 4-1-3-15 所示。在检测中测量相应电路即可。

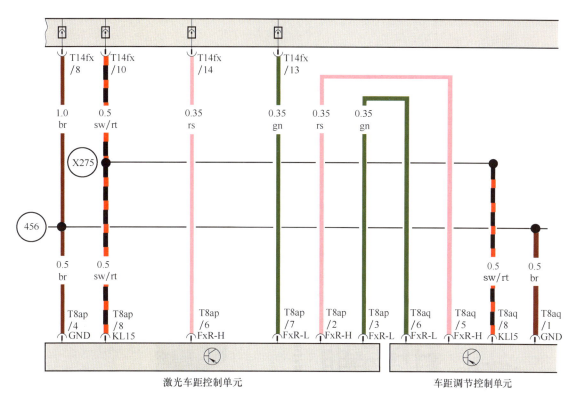

图 4-1-3-15　奥迪 A8L 激光雷达传感器电路检测

1）电源线 T8ap/8 针脚，打开起动开关时，为蓄电池电压。

2）T8ap/6 为 FlexRay-H 总线，工作电压为 2.6V，T8ap/7 为 FlexRay-L 总线，工作电压为 2.4V。

3）与高速 CAN 总线相同，可以通过测量电压法判断 FlexRay 总线是否正常，如果得到的测量电压值是 0V 或 12V，说明系统对搭铁或电源短路了。

4）即使某一个支路的电压值正常，也只能说明该支路正常，测量所有支路的电压值正常，才能判断出整个 FlexRay 总线系统正常。

7. 激光雷达传感器的标定方法

激光雷达传感器与车体为刚性相连，两者之间的相对姿态和位移是固定不变的，为了建立各个激光雷达传感器之间的相对坐标关系，需要对激光雷达传感器安装位置进行校准 / 调校，并使激光雷达传感器数据从激光雷达传感器坐标统一转换至车体坐标上面。激光雷达传感器校准 / 调校的目的是统一激光雷达传感器测量坐标系相对于其他测量坐标系的相对转换关系，以获取障碍物相对本车的距离、速度、角度信息。

（1）激光雷达传感器标定的前提条件　在下列情况下，都需要对激光雷达传感器进行校准 / 调校：

1）车辆诊断仪中的检测计划要求重新调校。

2）激光间距调节控制器已拆卸和安装或更换过。

3）固定激光雷达传感器的相关部件拆卸和安装或更换过。

（2）激光雷达传感器的标定 不同车型的激光雷达传感器的标定是不同的，但是标定过程基本相似，可以分为两个阶段：

1）激光雷达传感器的安装调试。

2）激光雷达传感器的标定。

激光雷达传感器的安装调试：任何车型基本都配备了激光雷达传感器标定需要的专用设备（图 4-1-3-16），根据维修手册的描述，需要对激光雷达传感器的安装位置进行调整，使一些参数与专用工具的检测标准一致，才能达到激光雷达传感器的安装要求。

激光雷达传感器的标定：安装满足要求后，然后再利用诊断仪进行标定，如图 4-1-3-17 所示，标定的目的是通过诊断仪把激光雷达传感器的安装初始位置传递给相应的模块。一般标定基本采用下面类似操作。

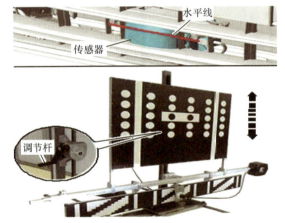

图 4-1-3-16 用于安装传感器的激光扫描仪校准板

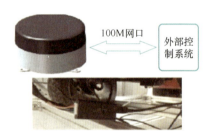

图 4-1-3-17 激光雷达传感器标定

在计算机的操作界面，选择"激光雷达传感器安装与标定菜单"，开始标定后，主界面将有对应雷达显示，调试完毕后，对数据进行保存，以便于后期分析。

这样激光雷达传感器工作时，每一组数据都是通过通信接口输出，数据具有统一的报文格式，外部系统可以通过请求、停止等指令控制激光雷达输出数据，或者对输出数据的格式进行配置。

四、能力训练

任务描述：

利用诊断仪和万用表对激光雷达传感器进行数据流和电路的检测，并进行传感器的更换和标定。

1. 操作条件

工具资料	名称	规格	备注
资料	车型维修手册	电子版或纸质版	对应车型及年款
	技术快讯	对应车型	根据实际情况确定有无
工具与设备	诊断仪	匹配车型版本	—
	专用工具	适用于激光雷达传感器标定	—
	手动工具	带有绝缘材料	套装
操作对象	具备激光雷达传感器的车辆进行传感器的检测与标定		

2. 安全及注意事项

1）检测前确保高压电路处于断开状态。

2）应穿戴好绝缘手套并铺设绝缘垫。

3）在拆卸前要彻底清洁连接处、维护开口及其周围区域。

4）将拆下的部件放在干净的垫子上并盖住，请勿使用容易掉毛的抹布。

5）如果无法立即进行维修，则要仔细地盖好或密封已打开的部件。

6）只允许安装干净的部件。

7）安装前才从包装中取出配件。

8）请勿使用无包装保存（例如在工具箱内等）的部件。

9）只有在安装前才拆下运输保护包装和密封盖。

10）对于打开的装置，不得用压缩空气工作，不要移动车辆。

11）检测过程中确保诊断仪等检测工具不被人为损坏。

12）测量完毕后，检测设备放回原位，严禁随意摆放。

3. 操作过程

序号	步骤	操作方法及说明	质量标准
1	读取数据流	1）连接故障诊断仪至诊断测试接口 2）操作起动开关使电源模式至ON状态 3）进入诊断仪激光雷达传感器数据流读取界面 4）在激光雷达传感器能够扫描的范围内移动，观察数据变化 5）如果诊断仪不能读取数据，需要检查传感器电路	
2	检测传感器电路	1）按照电路图进行电源线检查 2）检查与传感器相连的网络信号线	

(续)

序号	步骤	操作方法及说明	质量标准
3	安装与标定传感器	1）按照维修手册进行传感器标定工具的安装 2）按照维修手册进行传感器的安装和调整 3）连接诊断仪，进入到标定界面，按照界面提示进行传感器的标定	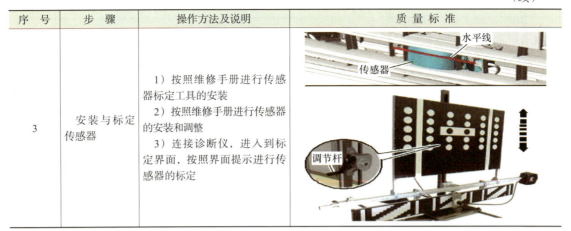

情境问题一：

衡量激光雷达传感器的参数有哪些？

提示：发射功率、视场角、光源波长、测量距离、测距精度。

情境问题二：

激光雷达传感器扫描的视场角一般为多少度？

提示：激光雷达传感器视场角分为水平视场角和垂直视场角。水平视场角是在水平方向上可以观测的角度范围，旋转式激光雷达传感器旋转一周为360°，所以水平视场角为360°。垂直视场角是在垂直方向上可以观测的角度，一般为40°。

4. 学习结果评价

序号	评价内容	评价标准	评价结果(是/否)
1	激光雷达传感器的数据流的读取	能够利用诊断仪快速进入激光雷达传感器的数据读取界面	
2	传感器的电路检测	能够根据电路图进行传感器的电路检测	
3	激光雷达传感器的安装与标定	能够按照维修手册的要求进行激光雷达传感器的安装与标定	
4	信息检索的使用	能够使用正确的关键词获取所需的学习信息	
5	信息的传达	能够清晰明确地表达自己的想法	
6	工作方法改进的意识	能够根据任务完成的结果制订有效的优化方案	
7	安全操作规范	能够按安全操作规范使用工量具	

五、课后作业

1. 根据学习内容，按照激光雷达传感器的结构分组，把下图中的传感器部件进行分组。

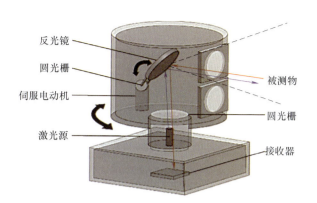

激光发射系统：

激光接收系统：

扫描系统：

信息处理系统：

2. 根据学习内容，完善下列检测过程中的关键信息。

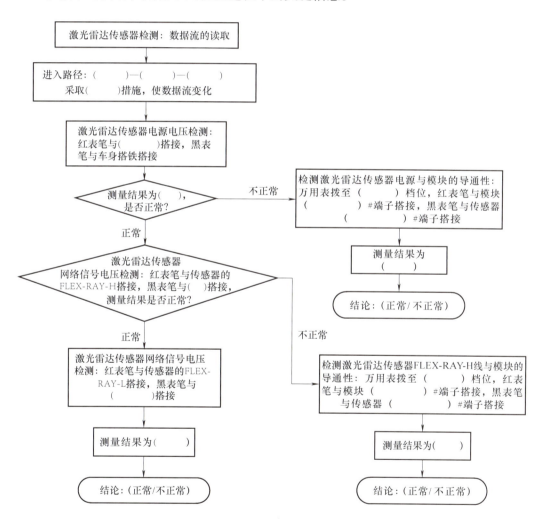

工作任务 4-2

光学传感器检测

职业能力 4-2-1　正确检测环境光强度传感器

一、核心概念

光敏元件；光电效应。

二、学习目标

知识目标：能够解释环境光强度传感器的数据流读取方法；能够描述环境光强度传感器的电路检测方法。

技能目标：能够利用诊断仪和万用表对雨量传感器进行数据流、电路和性能的检测。

素养目标：培养学生尊重和关爱他人的品质。

三、基本知识

环境光强度传感器是利用光敏元件将光信号转换为电信号的传感器，它的敏感波长在可见光波附近，包括红外线波长和紫外线波长。环境光强度传感器不只局限于对光的探测，它还可以配合其他部件实现更多功能。汽车上常见的环境光强度传感器有光照强度传感器和雨量传感器。

1. 环境光强度传感器的基本概念

（1）**光敏元件**　光敏元件是基于半导体光电效应的光电转换传感器，又称光电敏感器。采用光、电技术能实现无接触、远距离、快速和精确测量，因此半导体光敏元件还常用来间接测量能转换成光量的其他物理量或化学量，如光敏电阻、光电二极管、光电晶体管等。

（2）**光电效应**　光照射到金属上，引起物质的电性质发生变化，这类光的变化产生电的现象被统称为光电效应。光电效应里电子的射出方向不是完全定向的，只是大部分都垂直于金属表面射出，与光照方向无关。

2. 环境光强度传感器的功能与结构

（1）环境光强度传感器的功能　环境光强度传感器利用光电二极管来感知光线的变化，当光线变化时，二极管的反向电阻发生变化，此时传感器的输出信号电压也会随之变化，利用该特性可测量光线的强度。

（2）环境光强度传感器的结构　下面以雨量传感器为例介绍环境光强度传感器的结构，如图4-2-1-1所示，该传感器内集成有以下部件：分布在周边的6个发光二极管、位于中间位置的光电二极管、集成电路板、用于记住光照强度的接收发光二极管、外壳和连接插头。

3. 环境光强度传感器的工作原理

环境光强度传感器具有结构简单、响应速度快、精度高、抗干扰能力强、非接触式测量等特点。为了达到安全驾驶和便捷操作的目的，宝马车辆上配置有光照强度传感器和雨量传感器。下面将以该两款传感器为例，介绍其工作原理。

（1）光照强度传感器的原理　图4-2-1-2所示为光照强度传感器原理，其包含一个光学元件（光电二极管）。光电二极管的导电性取决于其所在位置的光线量。二极管位于滤光器下，它减少了光电二极管对所受光线角度的敏感度。阳光强度增加，光电二极管上的电压就减少。

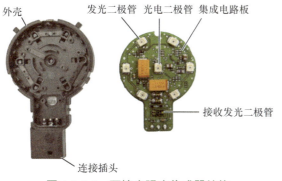

图4-2-1-1　环境光强度传感器结构

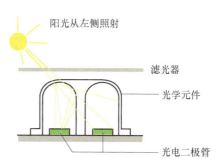

图4-2-1-2　光照强度传感器原理简图

图4-2-1-3所示为光照强度传感器的一个简单电路（少量光线），当没有光线时，光照强度传感器的反向电阻达到几百欧姆，与之相串联的电阻分压就比较高，接近于电源供给电压。

图4-2-1-4所示为当大量光线照射时，光照强度传感器的反向电阻降到几欧姆，与之相串联的电阻分压就比较低。

（2）雨量传感器工作原理　当天气干燥时（图4-2-1-5），雨量传感器是通过反射光线的量来确定风窗玻璃表面的雨量的。雨量传感器通过发光二极管向被测物体（此处为风窗玻璃）发出光线，然后检测反射回来的光线。如果风窗玻璃完全干燥，则大部分的光线都会反射回来照到光电二极管上，此时光电二极管产生的电压信号较高。

当天气有雨时（图4-2-1-6），如果风窗玻璃表面有水滴，则光线会向其他方向散射，这样反射回来的光线减少。风窗玻璃上面的水滴越多，反射回来的光线越少，光电二极管产生的电压信号较小。

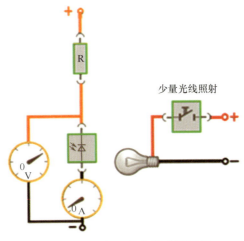 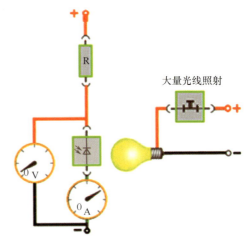

图 4-2-1-3 光照强度传感器原理简图（少量光线）　　图 4-2-1-4 光照强度传感器原理简图（大量光线）

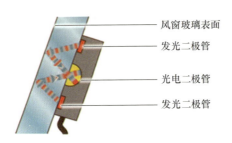 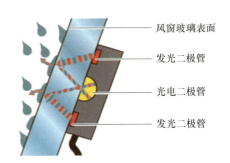

图 4-2-1-5 雨量传感器原理简图（干燥天气）　　图 4-2-1-6 雨量传感器原理简图（下雨天气）

由于反射回来的光线与风窗玻璃的雨水是相对应的，雨量传感器使用测量所得的信号来计算刮水间隔时间与刮水器速度，控制模块就以它作为控制信号来控制刮水器工作。

4. 环境光强度传感器的应用

在车辆的刮水器系统、灯光系统及空调系统中，环境光强度传感器具有非常重要的作用。在宝马车辆上装配有雨量传感器、行车灯传感器、光照强度传感器，行车灯传感器和光照强度传感器，安装在前风窗玻璃上部，与雨量传感器集成在一起，统称为雨量/行车灯/光照强度传感器。下面我们将分别进行介绍。

（1）光照强度传感器　汽车上的光照强度传感器如图 4-2-1-7 所示，位于内后视镜后方装饰罩中。

该传感器用于自动控制车灯以及为自动空调提供有关阳光照射情况的信息。

阳光照射产生的热能影响车内温度，空调控制模块根据车外光照强度的状态和车内空调工况需求，实时自动调整空调风量和冷/热风混合比例，让所有乘员均能获得最舒适的感觉。

（2）雨量传感器　雨量传感器根据光折射的原理来判断前风窗玻璃的湿度情况（图 4-2-1-8），可实现的功能是监测风窗玻璃上是否有雨水。

根据雨量传感器的信号，刮水器能以不同速度自动接通和关闭，实现自动刮水功能。

图 4-2-1-7　光照强度传感器安装位置

图 4-2-1-8　雨量传感器安装位置

（3）行车灯传感器　行车灯传感器用于探测环境亮度以及车辆前方光线强度（前部区域如图 4-2-1-9 所示），用于自动控制车灯，例如，穿越隧道期间或光线变暗时自动接通行车灯。

5. 环境光强度传感器的检测方法

环境光强度传感器的检测可以通过诊断仪、万用表来完成。对于环境光强度传感器的诊断，应掌握以下原则：

图 4-2-1-9　自动行车灯

1）改变光照条件，如增加光照（照射）、减少光照（遮挡）等。

2）改变条件后，测量或验证输出是否改变。

3）如果未改变，说明传感器损坏。

（1）数据流检测　图 4-2-1-10 所示为雨量 / 光照 / 行车灯组合传感器数据流检测，该数据流变化特征如下：

1）没有光照时，信号偏低。

2）光照强度越大，信号显示越高。

3）如果传感器的数据信息无法获取，需要进行传感器的电路检测。

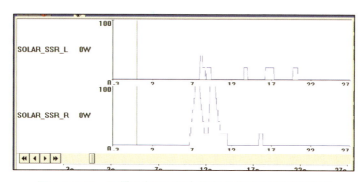

图 4-2-1-10　雨量 / 光照 / 行车灯组合传感器数据流检测

（2）波形检测　图 4-2-1-11 所示为雨量 / 光照 / 行车灯组合传感器波形检测，其信号取样点为传感器信号针脚，其信号特征为直流电压信号，光线强度改变时，信号电压也应发生相应变化。

（3）电路检测　电路检测包括信号电压检测和电路导通性检测，如图 4-2-1-12 所示。

1）信号电压检测：测量传感器 1 号针脚，电压应为蓄电池电压；3 号针脚应为 0~11V 的信号电压。

2）电路导通性测试：断开传感器 RF20 插头、车身控制模块（BCM）IP21 插头、室内熔丝继电器盒 IP122 插头以测量其电路阻值。

测量 IP119a 插头的 20 号针脚与 RF20 插头的 1 号针脚之间导线的电阻，其阻值应小于 0.5Ω。

测量 RF20 插头的 3 号针脚与 IP21 插头的 15 号针脚之间导线的电阻，其电阻应小于 0.5Ω。

测量 RF20 插头的 1 号针脚与搭铁之间导线的电阻，其阻值应小于 0.5Ω。

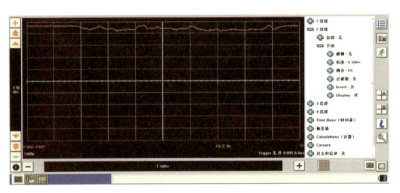

图 4-2-1-11　雨量 / 光照 / 行车灯组合传感器波形检测

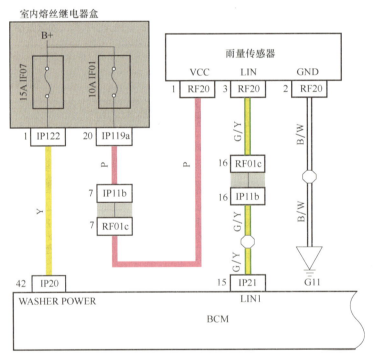

图 4-2-1-12　雨量 / 光照 / 行车灯组合传感器电路检测

四、能力训练

任务描述：

利用诊断仪和万用表对荣威 eRX5 雨量传感器进行数据流、电路和性能的检测。

1. 操作条件

工具资料	名称	规格	备注
资料	车型维修手册	电子版或纸质版	对应车型及年款
	技术快讯	对应车型	根据实际情况确定有无
工具与设备	诊断仪	匹配车型版本	上汽 ID 系列
	万用表	适用于低压电路检测	—
	探针	电路检测	—
	手动工具	带有绝缘材料	套装
操作对象	对荣威 eRX5 雨量传感器进行检测		

2. 安全及注意事项

1）检测前确保高压电路处于断开状态。

2）应穿戴好绝缘手套并铺设绝缘垫。

3）在拆卸前要彻底清洁连接处、维护开口及其周围区域。

4）将拆下的部件放在干净的垫子上并盖住，请勿使用容易掉毛的抹布。

5）如果无法立即进行维修，则要仔细地盖好或密封已打开的部件。

6）只允许安装干净的部件。

7）安装前才从包装中取出配件。

8）请勿使用无包装保存（例如在工具箱内等）的部件。

9）只有在安装前才拆下运输保护包装和密封盖。

10）对于打开的装置，不要用压缩空气操作，不要移动车辆。

11）检测过程中确保诊断仪等检测工具不被人为损坏。

12）测量完毕后，检测设备放回原位，严禁随意摆放。

3. 操作过程

序号	步骤	操作方法及说明	质量标准
1	读取数据流	1）连接诊断仪至诊断测试接口 2）操作起动开关使电源模式至 ON 状态 3）进入诊断仪车身模块对雨量传感器进行数据流读取 4）如果诊断仪不能读取数据，需要检查传感器电路	（诊断仪读取数据流界面）
2	检测传感器信号电压	1）测量 1 号对 2 号端子电压 U_1 2）测量 3 号对 2 号端子电压 U_2 （雨量传感器 Rain Sensor，PWR/GND/LIN3，BY190）	1）测量传感器 1 号对 2 号端子电压 U_1，应为蓄电池电压 2）测量 3 号对 2 号端子电压 U_2 应为 0~11V 的信号电压

(续)

序号	步骤	操作方法及说明	质量标准
3	检测传感器电路导通性	测量传感器导线阻值 R 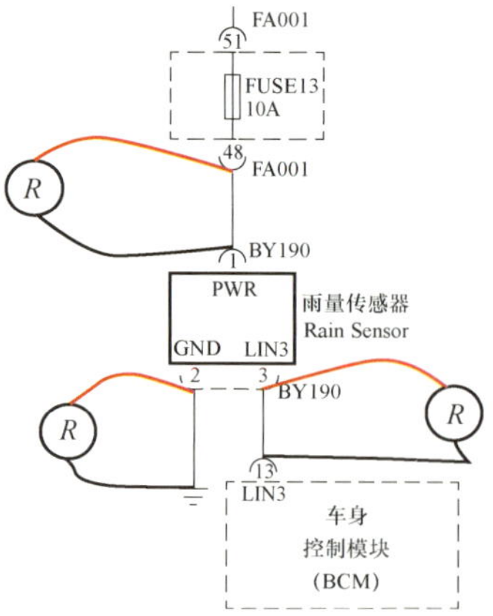 （电路图：FA001、FUSE13 10A、BY190、雨量传感器 Rain Sensor，PWR/GND/LIN3，车身控制模块（BCM））	相关导线阻值应小于 5Ω 导线在断开两端时，对电源正极和负极电阻均为无穷大

情境问题一：

雨量传感器对自动控制前照灯有影响吗？

提示：有的车型雨量传感器具有光照强度检测功能，会对自动控制前照灯有影响；但有的车辆除了雨量传感器外，还配有光照强度传感器，它能配合自动空调和自动控制前照灯工作。

情境问题二：

有的车辆更换了前风窗玻璃后，发现雨量传感器不能工作了，经检查电路正常，这是什么原因？

提示：雨量传感器正常安装时有一个贴膜，更换风窗玻璃后可能会造成贴膜损坏，所以更换风窗玻璃后，在重新安装雨量传感器时，需要安装贴膜才能保证雨量传感器的使用。

4. 学习结果评价

序号	评价内容	评价标准	评价结果（是/否）
1	环境光强度传感器的数据流的读取	能够利用诊断仪快速进入环境光强度传感器的数据读取界面	
2	环境光强度传感器的信号电压的测量	能够正确利用万用表进行环境光强度的信号电压检测	
3	环境光强度传感器的外接电路导通性的检查	能够按照维修手册要求对环境光强度传感器的外接电路进行导通性检查	
4	信息检索的使用	能够使用正确的关键词获取所需的学习信息	
5	信息的传达	能够清晰明确地表达自己的想法	
6	工作方法改进的意识	能够根据任务完成的结果制订有效的优化方案	
7	安全操作规范	能够按安全操作规范使用工量具	

五、课后作业

根据学习内容，完善下列检测过程中的关键信息。

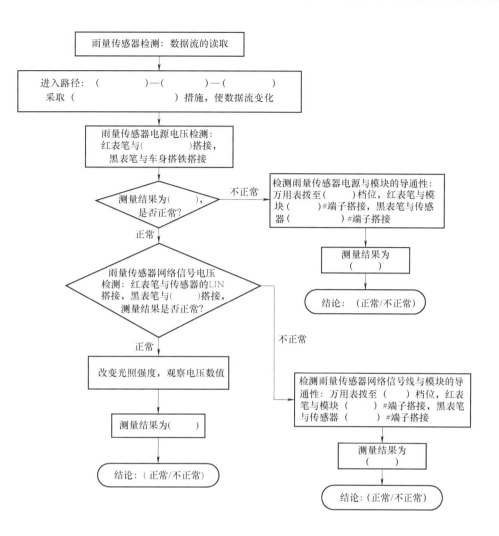

职业能力 4-2-2　正确检测摄像头

一、核心概念

ADAS；广角。

二、学习目标

知识目标：能够阐述车载摄像头的拆装安全注意事项；能够描述检测车载摄像头的方法。
技能目标：能够准确识读车载摄像头的故障码并进行其故障诊断；能够执行车载摄像头的检测；能够执行车载摄像头的拆装。
素养目标：培养学生管理时间和资源的能力，提高工作效率。

三、基本知识

车载摄像头是实现众多预警、识别类等高级驾驶辅助系统（ADAS）功能的基础。在众多 ADAS 功能中，视觉影像处理系统较为基础，摄像头是视觉影像处理系统的输入，可以实现多种主动安全以及舒适功能，使车辆驾驶更加安全舒适，因此摄像头对于智能驾驶辅助必不可少。

1. 摄像头的基本概念

（1）ADAS　高级驾驶辅助系统（ADAS）是利用安装在车上的各式各样的传感器，在汽车行驶过程中随时感应周围的环境，收集数据，进行静态、动态物体的辨识、侦测与追踪，并结合导航仪地图数据，进行系统的运算与分析，从而预先让车辆察觉到可能发生的危险，有效增加汽车驾驶的舒适性和安全性，通过主动安全（降低碰撞风险，避免事故）和被动安全系统（安全带及安全气囊等）的有效结合，降低驾驶风险。

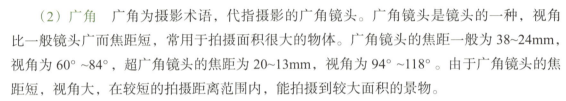

（2）广角　广角为摄影术语，代指摄影的广角镜头。广角镜头是镜头的一种，视角比一般镜头广而焦距短，常用于拍摄面积很大的物体。广角镜头的焦距一般为 38~24mm，视角为 60°~84°，超广角镜头的焦距为 20~13mm，视角为 94°~118°。由于广角镜头的焦距短，视角大，在较短的拍摄距离范围内，能拍摄到较大面积的景物。

2. 摄像头的功能与结构

摄像头比激光雷达传感器造价低，降低了自动驾驶汽车的成本，适应性更好。从形态上看，摄像头可以轻松融入汽车的设计中并隐藏在结构中，不会让汽车外形显得突兀。

（1）摄像头的功能　摄像头就像驾驶人的眼睛一样，车辆使用摄像头来观察和解释道路上的物体。通过在各个角度为汽车配备摄像头，这些车辆可以保持 360°的外部环境视野，并提供周围交通状况更广阔的画面，如图 4-2-2-1 所示。

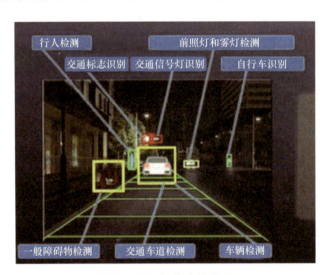

图 4-2-2-1　摄像头的作用

摄像头在自动驾驶系统中的主要作用包括如下几种：

1）一般障碍物检测：测速和测距（车辆使用需双目以上）。

2）车道线的检测：交通车道检测。

3）道路信息读取：交通信号灯识别，交通标志识别。

4）地图构建与辅助定位。

5）其他交通参与者探测与识别：车辆探测、行人探测、动物探测。

（2）**摄像头的结构**　摄像头一般由镜头、图像传感器、图像信号处理器、串行器发送器四部分组成，主要部件有镜头、滤光片、图像传感器、电路板基板（集成了图像信号处理器和串行器发送器）等，如图 4-2-2-2 所示。

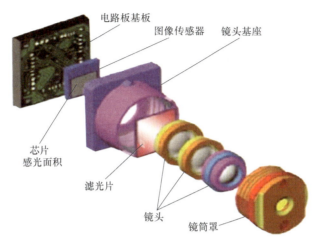

图 4-2-2-2　摄像头结构

各部件作用如下：

1）镜头：聚集光线，把景物投射到成像介质表面，有的是单镜头，成像效果好需要多层玻璃的镜头。

2）滤光片：人眼看到的景物是可见光波段，而图像传感器可辨识的光波段大于人眼，因此增加了滤光片将多余的光波段过滤掉，使图像传感器能拍摄到人眼所见到的实际景物。

3）图像传感器：即成像介质，将镜头投射到表面的图像（光信号）转换为电信号。

4）电路板基板：将图像传感器的电信号处理传输到后端，针对车载摄像头的电路板基板会有更多电路，需要把并行的摄像头信号转为串行传输，这样抗干扰能力更强。

其工作一般步骤是，镜头采集到物体的基本信息，然后由图像传感器进行一定处理后，再交电路板基板处理之后串行化传输。传输方式可分为在同轴电缆或双绞线上传输或者直接通过以太网传输。

3. 摄像头的工作原理

摄像头可实现可见光、紫外线、X 射线、近红外光的探测，是现代视觉信息获取的一种基础器件。车载摄像头通常与图像识别处理模块集成在一起，摄像头将 20cm~40m 范围内的物体图像信息采集后，通过图像识别处理模块进行分析，最终精准地判别并形成图像。

（1）**图像形成原理**　图像形成原理如图 4-2-2-3 所示，图像传感器按一定的分辨率，以隔行扫描的方式采集图像上面的点，当扫描到某一点时，通过芯片将图像灰度转换成对应的电压值，信号电压的高低反映了图像灰度的变化，最后将电压值转换成视频信号传输。

（2）**摄像头模组的工作原理**　摄像头模组的工作原理就是镜头把光线聚拢，然后通过滤光片把不需要的红外光滤掉，此时模拟信号进入到图像传感器芯片，通过模-数转换器输出（图4-2-2-4）。

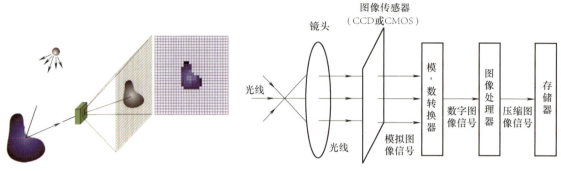

图 4-2-2-3　图像形成原理简图　　　　　图 4-2-2-4　摄像头模组的工作原理简图

4. 摄像头的应用

摄像头也被称为视觉传感器，在智能网联汽车上主要用于自适应巡航控制系统、车道偏离预警系统、车道保持辅助系统、汽车变道辅助系统、自动紧急制动系统中的障碍物检测和道路检测等。

摄像头在高级驾驶辅助系统（ADAS）中的应用见表4-2-2-1。

表 4-2-2-1　摄像头在 ADAS 中的应用

ADAS 功能	使用摄像头	功 能 介 绍
车道偏离预警（LDW）	前视摄像头	当前视摄像头检测到车辆即将偏离车道线时发出警报
盲点监测（BSD）	侧视摄像头	利用侧视摄像头将后视镜盲区的影像显示在驾驶舱内
泊车辅助（PA）	后视摄像头	利用后视摄像头将车尾影像显示在驾驶舱内
全景泊车（SVP）	前视、侧视、后视	利用图像拼接技术将摄像头采集的影像组合成周边全景图
疲劳检测系统（DMS）	内置摄像头	利用摄像头检测驾驶人是否疲劳、闭眼等
行人碰撞预警（PCM）	前视摄像头	当前视摄像头检测到标记的前方行人可能发生碰撞时发出警报
车道保持辅助（LKA）	前视摄像头	当前视摄像头检测到车辆即将偏离车道线时通知控制中心发出指示，纠正行驶方向
交通标志识别（TSR）	前视摄像头、侧视摄像头	利用前视、侧视摄像头识别前方和两侧的交通标志

（1）**摄像头的车辆应用**　按照应用类型，摄像头有单目摄像头、双目摄像头、三目摄像头及环视摄像头四种。高级驾驶辅助系统（ADAS）阶段单目摄像头应用较多，L3智能驾驶以后，需要多个摄像头配合。

1）单目摄像头。单目摄像头只使用一个视觉传感器，特点是摄像头的成像图是透视图，如图4-2-2-5所示。

优点：成本低廉，能够识别具体障碍物的种类，识别准确。

缺点：由于单目摄像头的识别原理导致其无法识别没有明显轮廓的障碍物，工作准确率与外部光线条件有关，并且受限于数据库，没有自学习能力；此外，测量精度低。

2）双目摄像头。双目视觉系统由两个摄像头组成，特点从多个视点观察同一景物，可以获得不同角度下的感知图像。双目摄像头的原理是先对物体与本车距离进行测量，然后再对物体进行识别。

其优点是探测距离更准确，探测距离更远；缺点是成本高于单目摄像头。

图 4-2-2-6 所示为宝马 740Li 车型装配的双目摄像头。

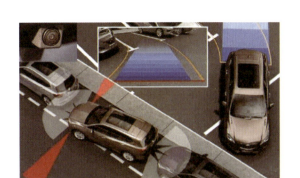

图 4-2-2-5 单目摄像头

图 4-2-2-6 双目摄像头

3）三目摄像头。该摄像头是一款水平接近 180°的全景监控设备，采用了 3 个 720P 摄像头进行采集，全景分辨率可达 2800×720，后端采用高端图形工作站进行图像处理。

三目摄像头可划分为 28°视角、52°视角及 150°视角，25°视角用于检测前车道线、交通灯；50°视角负责一般的道路状况检测；150°视角用于平行车道、行人和非机动车道的检测。

前方三目摄像头在特斯拉等车型也有装配，如图 4-2-2-7 所示。

4）环视摄像头。该摄像头是一个广角镜头，在车辆四周装配 4 个镜头，进行图像的投影变换，可将图像还原成俯视图，之后对四个方向的图像进行拼接实现全景图，然后在四幅图像的中间放上一张车的俯视图，即可实现从车顶往下看的效果并实现道路线感知，如图 4-2-2-8 所示。

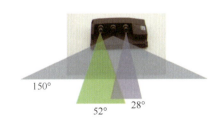

图 4-2-2-7 三目摄像头

图 4-2-2-8 环视摄像头

（2）摄像头的功能限制　出现以下情况时，可能会由于光学系统的物理特征限制导致摄像头的功能以及相应辅助系统的功能受到限制：

1）大雾、大雨、雨水四溅或大雪。

2）对面照射光线强烈。

3）摄像头的探测区域或风窗玻璃有污物。

4）急转弯。

5）分界线缺失、磨损、看不清、聚集或分离或者无法明确识别，例如在施工区域内。

6）分界线被冰雪、污物或积水覆盖。

7）分界线被物体遮挡。

8）过于靠近前方车辆。

9）车内后视镜前的风窗玻璃起水雾、有污物或被标签、装饰等遮挡。

10）更换摄像头后进行校准过程中。

5. 摄像头的检测方法

由于依赖探测摄像头工作的主动安全功能较多，如果摄像头故障，则直接影响所有与之相关的主动控制系统功能。对于探测摄像头的检测，主要分为数据通信状态检测、电路检测和传感器标定。其内部故障通常无法进行维修，只能与探测摄像头控制模块一并更换。

下面以宝马 740Li 车型为例进行摄像头诊断的讲解。

（1）目视检查　进行摄像头故障检测，需要进行以下项目的检查：

1）检查可能遮挡前方摄像头视野的售后加装装置。

2）检查易于接触或能够看到的系统部件，以查明其是否有明显损坏或存在可能导致故障的情况。

3）检查摄像头的安装以及线束插接器是否安装正确。

（2）数据检测　车载摄像头数据检测主要是查看摄像头模块是否在线，通信是否正常，通常根据车型，选择检测系统，读取模块即可判断，若无通信则可能是模块本身或其电路出现故障。

图 4-2-2-9 所示为宝马车型摄像头 KAFAS 模块检测控制单元树状图，该检测显示 KAFAS 摄像头通信正常。

图 4-2-2-9　摄像头 KAFAS 的数据检测

（3）电路检测　摄像头以模块形式存在于网络中，其电路主要包括模块的电源线、搭铁回路线和网络通信线，如图 4-2-2-10 所示。对探测摄像头电路的检测方法如下：

1）摄像头模块 7 号针脚为电源线，在打开起动开关后，与搭铁间的电压应为蓄电池电压。

2）12 号针脚为搭铁线，对搭铁电压应为 0V。

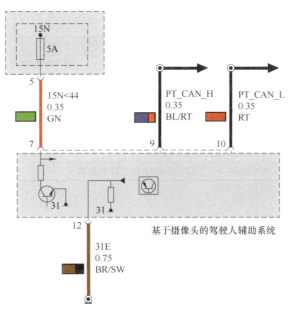

图 4-2-2-10 摄像头电路检测

3）如果电压不正常，需要检查电路的导通性。

4）9号和10号分别为CAN网络线，电压分别是2.7V左右和2.4V左右。

5）如果电压不正常，需要进行网络测试，检查故障模块，如果没有电压，需要检查摄像头与相关模块电路的导通性。

6. 摄像头的标定

当车载前置摄像头的安装位置发生偏差时会影响工作区域范围的变化，因此需要进行重新标定，当发生以下情况时需要重新进行摄像头的标定：

1）在拆装了前置摄像头装置后。

2）更换前风窗玻璃后。

3）更换新的前置摄像头后。

不同车型的摄像头标定方法可能不一样，但基本原理是相同的。下面将以吉利星越车型为例，讲解车道保持辅助系统的前置摄像头标定方法。吉利星越摄像头的标定分为两个阶段：静态标定和动态标定。

（1）摄像头的静态标定　摄像头的静态标定实际按照维修手册的要求，利用车型摄像头标定的专用工具对摄像头的安装位置进行校准。例如吉利星越车型进行如下操作：

1）将图4-2-2-11中标定仪器调节至水平。

图 4-2-2-11 摄像头的静态标定

2）将校准设备 FCS 校准板与车辆纵向垂直（通过激光调整仪进行调节）。

3）按照维修手册调整车辆前轴中心与 FCS 校准板距离。

4）按照维修手册调整 FCS 校准板中心离地高度。

进行这些操作调整的目的是调整车辆轮罩离地高度，把轮罩高度实际测量值写入车辆信息中。

（2）**摄像头的动态标定**　摄像头的动态标定是在连接诊断仪，进入动态标定界面后，使车辆在车道线清晰的地方，以 20km/h 以上的速度行驶 5min 以上，当提示校准完成后，即完成动态标定。

四、能力训练

任务描述：

利用诊断仪和万用表对荣威 eRX5 摄像头进行故障读取和电路的检测，并进行传感器的更换和标定。

1. 操作条件

工具资料	名　称	规　格	备　注
资料	车型维修手册	电子版或纸质版	对应车型及年款
	技术快讯	对应车型	根据实际情况确定有无
工具与设备	诊断仪	匹配车型版本	—
	万用表	适用低压电路检测	—
	手动工具	带有绝缘材料	套装
操作对象		对荣威车载摄像头进行检测与标定	

2. 安全及注意事项

1）检测前确保高压电路处于断开状态。

2）应穿戴好绝缘手套并铺设绝缘垫。

3）在拆卸前要彻底清洁连接处、维护开口及其周围区域。

4）将拆下的部件放在干净的垫子上并盖住，请勿使用容易掉毛的抹布。

5）如果无法立即进行维修，则要仔细地盖好或密封已打开的部件。

6）只允许安装干净的部件。

7）安装前才从包装中取出配件。

8）请勿使用无包装保存（例如在工具箱内等）的部件。

9）只有在安装前才拆下运输保护包装和密封盖。

10）对于打开的装置，不得用压缩空气工作，不要移动车辆。

11）检测过程中确保诊断仪等检测工具不被人为损坏。

12）测量完毕后，检测设备放回原位，严禁随意摆放。

3. 操作过程

序 号	步 骤	操作方法及说明	质 量 标 准
1	读取数据流	1）连接故障诊断仪至诊断测试接口 2）操作起动开关使电源模式至 ON 状态 3）检测系统是否能正常进入 4）进入系统后检查是否有故障存储	
2	检测摄像头电路		1）测量 6 号与 3 号端子电压 U_1，在起动开关 ON 时应为电源电压 2）测量 12 号与 3 号端子电压 U_2 应为电源电压 3）测量 1 号与 3 号端子电压 U_3 应为 2~3V 4）测量 7 号与 3 号端子电压 U_4 应为 2~3V
3	检测摄像头电路导通性	断开熔断器，万用表调至电阻档测量传感器所有导线电阻值	标准值应该小于 5Ω 各导线在两端断开时，对电源正极和负极电阻均应为无穷大
4	摄像头的静态标定	1）起动开关置于 ON 位置 2）确保车辆与诊断设备电量保持充足 3）学习过程中模块不能下电 4）选择快速通道—学习值/调整—前向摄像头自学习，并按屏幕上的说明进行操作	正确完成诊断仪操作
5	摄像头的动态标定	1）车辆按照规定的标定车速在左右两侧均有清晰可见车道线的长直道上行驶 5~20min（具体学习时间，视路况而定） 2）学习过程中若不满足条件，则学习暂停；当再次满足条件时，学习继续 3）观察计算机上的前向摄像头模块自学习是否成功。如果自学习未完成，需重新操作上一步骤再次进行自学习 4）自学习完成之后，模块下电重启即完成整个自学习过程	车辆功能正常，系统无故障码存储

123

情境问题一：

超声波雷达传感器、激光雷达传感器、毫米波雷达传感器、摄像头参数上有什么区别？

提示：

传感器类型	一般测量性能			环境影响
	测量范围 /m	测量精度 /m	测量频率	
超声波雷达传感器	0.2~10	±0.1	10~20Hz	不受光照影响，测量精度受测量物体表面形状、材质影响大
激光雷达传感器	1~200	±0.1	10~20Hz	聚焦性好，易实现远程测量，能量高度集中，具有一定危害性
毫米波雷达传感器	0~100	±0.5	20-50Hz	角度分辨率高，抗电子干扰能力强
摄像头	3~25	0.3	30~50帧/s	测量精度不受测量物体表面形状、材质影响，受环境光照强度影响大

情境问题二：

汽车前视、后视、环视、侧视一般采用什么样的摄像头？

提示：摄像头可以识别其他汽车、行人、骑自行车的人、交通标志与信号、道路标记、桥梁和护栏。各类别摄像头分类如下所示：

安装部位	类别	功能	描述
前视	单目/双目	前车防撞预警、车道偏离预警、交通标志识别、行人碰撞预警	安装在前风窗玻璃上，视角45°左右。双目摄像头拥有更好的测距功能，但成本较单目摄像头高
环视	广角	全景泊车	在车四周装配4个摄像头进行图像拼接以实现全景，加入算法可实现道路感知
后视		倒车影像	安装在行李舱上，实现泊车辅助
侧视	普通视角	盲点监测	安装在后视镜下方部位
内置	广角	疲劳提醒	安装在车内后视镜处检测驾驶人状态

4. 学习结果评价

序号	评价内容	评价标准	评价结果(是/否)
1	摄像头的数据流读取	能够利用诊断仪快速进入摄像头的数据读取界面	
2	摄像头电源电路检测	能够利用万用表进行摄像头的电源电压的检测	

(续)

序号	评价内容	评价标准	评价结果(是/否)
3	摄像头电源电路导通性检测	能够利用万用表进行摄像头的电源电路导通性的检测	
4	摄像头网络信号电压的检测	能够利用万用表进行摄像头的网络信号电压的检测	
5	摄像头网络信号电路导通性的检测	能够利用万用表进行摄像头的网络信号电路导通性的检测	
6	摄像头的静态标定	能够按照维修手册正确利用专用工具进行摄像头的静态标定	
7	摄像头的动态标定	能够按照维修手册正确利用专用工具进行摄像头的动态标定	
8	信息检索的使用	能够使用正确的关键词获取所需的学习信息	
9	信息的传达	能够清晰明确地表达自己的想法	
10	工作方法改进的意识	能够根据任务完成的结果制订有效的优化方案	
11	安全操作规范	能够按安全操作规范使用工量具	

五、课后作业

1. 根据学习内容，确定ADAS功能需要使用什么样的摄像头，填写在表内。

ADAS功能	使用摄像头
车道偏离预警（LDW）	
盲点监测（BSD）	
泊车辅助（PA）	
全景泊车（SVP）	
疲劳检测系统（DMS）	
行人碰撞预警（PCW）	
车道保持辅助（LKA）	
交通标志识别（TSR）	

2. 根据学习内容，完善下列检测过程中的关键信息。

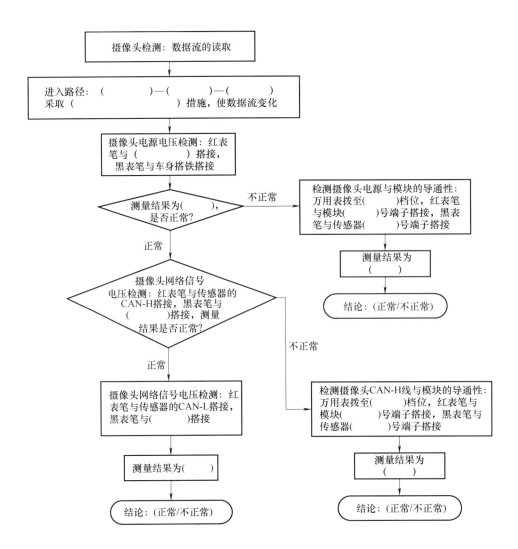

项目 05
高精度定位系统传感器检测与标定

 项目学习内容

本项目将学习高精度定位系统传感器检测相关的内容，具体内容如下：

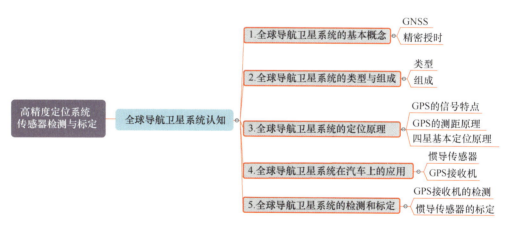

工作任务 5

全球导航卫星系统认知

职业能力 5　正确进行全球导航卫星系统的检测和标定

一、核心概念

全球导航卫星系统（GNSS）；精密授时。

二、学习目标

知识目标：能够描述利用工具检测 GNSS 的方法；能够阐述惯导传感器的标定方法。
技能目标：能够执行 GNSS 电路的检测和惯导传感器的标定。
素养目标：培养学生互联网思维和人际交往能力。

三、基本知识

智能网联汽车需要通过定位技术准确感知自身在全局环境中的相对位置以及所要行驶的速度、方向、路径等信息。

目前定位技术主要有卫星定位、车载导航定位、蜂窝无线定位等。其中以卫星为基础的卫星导航定位系统，由于其具有天体导航覆盖全球的优点，所以从出现至今一直得到人们的重视。

1. 全球导航卫星系统的基本概念

（1）GNSS　全球导航卫星系统（Global Navigation Satellite System，GNSS）泛指所有的卫星导航系统。

（2）精密授时　精确的时间同步对于涉及国家经济社会安全的诸多关键基础设施至关重要，通信系统、电力系统、金融系统的有效运行都依赖于高精度时间同步。在移动通信中需要精密授时以确保基站的同步运行，电力网为有效传输和分配电力，智能汽车的无人驾驶对时间和频率提出了严格的要求。北斗卫星导航系统的授时服务可有效应用于通信、电力和金融系统，确保系统安全稳定运行。

2. 全球导航卫星系统的类型与组成

（1）全球导航卫星系统的类型　目前全世界的全球导航卫星系统有 4 个，分别是：中国北斗卫星导航系统（Bei Dou Navigation Satellite System，BDS）；美国全球定位系统（Global Positioning System，GPS）；俄罗斯格洛纳斯（GLONASS）；欧洲伽利略卫星导航系统（Galileo Satellite Navigation System）。

下面将针对上述 4 种全球导航卫星系统进行介绍。

1）北斗卫星导航系统。北斗卫星导航系统是我国自行研制的全球导航卫星系统。2020 年 7 月 31 日上午，北斗三号卫星导航系统正式开通。北斗卫星导航系统标识如图 5-1-1-1 所示。

该系统具有以下功能。

① 短报文通信：北斗卫星导航系统用户终端具有双向报文通信功能，用户可以一次传送 40~60 个文字的短报文信息。

② 精密授时：具有精密授时功能，可向用户提供 20~100ns 时间同步精度。

BDS 可在全球范围内全天候、全天时为各类用户提供高精度、高可靠定位、导航、授时服务，并且具备短报文通信能力，已经具备全球区域导航、定位和授时能力。

2）全球定位系统。GPS 工作卫星及其星座由 21 颗工作卫星和 3 颗在轨备用卫星组成。24 颗卫星均匀分布在 6 个轨道平面内，轨道倾角为 55°，各个轨道平面之间相距 60°，即轨道的升交点赤经各相差 60°，精度约为 10m，军民两用。GPS 标识如图 5-1-1-2 所示。

图 5-1-1-1　北斗卫星导航系统标识

图 5-1-1-2　GPS 标识

3）格洛纳斯。格洛纳斯是俄语"全球卫星导航系统 GLOBAL NAVIGATION SATELLITE SYSTEM"的缩写。

GLONASS 的服务范围已经拓展到全球，主要服务内容包括确定陆地、海上及空中目标的坐标及运动速度信息等。GLONASS 标识如图 5-1-1-3 所示。

4）伽利略卫星导航系统。伽利略卫星导航系统，是由欧盟研制和建立的全球卫星导航系统。

该系统由 30 颗卫星组成，其中 27 颗为工作星，3 颗为备份星。

该系统主要用于导航、定位、授时、搜索与救援（SAR 功能）。伽利略卫星导航系统标识如图 5-1-1-4 所示。

图 5-1-1-3　格洛纳斯标识

图 5-1-1-4　伽利略卫星导航系统标识

（2）全球导航卫星系统的组成

1）BDS 的组成。北斗卫星导航系统由空间段、地面段和用户段三部分组成，如图 5-1-1-5 所示。

空间段包括 5 颗静止的轨道卫星和 30 颗非静止轨道卫星；地面段包括主控站、注入站和监测站等若干个地面站。

用户段由北斗用户终端以及与美国的 GPS、俄罗斯的 GLONASS、欧洲的伽利略等其他全球导航卫星系统兼容的终端组成。

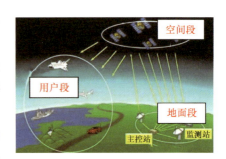

图 5-1-1-5　BDS 组成

2）GPS 的组成。GPS 由导航卫星、地面监控设备和 GPS 用户组成，如图 5-1-1-6 所示。

① 导航卫星。导航卫星由分布在 6 个地球椭圆轨道平面上的 21 颗工作卫星和 3 颗在轨备用卫星组成（图 5-1-1-7），卫星相邻轨道面之间的夹角彼此呈 30°，每个轨道面上都有 4 颗卫星，这些卫星每 12h 环绕地球一圈，在地球上的任何地方、时间都可以观测到 4 颗以上的 GPS 卫星，从而保持定位的精度，提供连续的全球导航能力。

图 5-1-1-6　GPS 组成

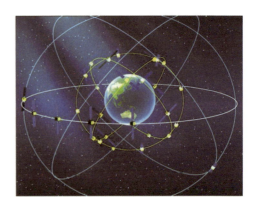

图 5-1-1-7　导航卫星组成简图

导航卫星的任务是接收和存储来自地面监控设备发送来的导航定位控制指令，微处理器进行数据处理，以原子钟产生基准信号和精确的时间为基准向用户连续发送导航定位信息。

② 地面监控设备。地面监控设备由 1 个主控站、4 个注入站和 6 个监测站组成，它们

的任务是实现对导航卫星的控制，如图 5-1-1-8 所示。

a. 监测站：跟踪所有可见的 GPS 卫星，并从卫星广播中收集测距信息等，并将收集到的信息发送至主控站。

b. 主控站：拥有许多以计算机为主体的设备，用于数据收集、计算、传输和诊断等；编制导航定位指令发送到注入站，并调整卫星运行姿态，纠正卫星轨道偏差，进行卫星轨道和时钟校正参数计算，同时还协助、指挥、管理空间卫星和地面监控设备，监控卫星对用户的指令发送。

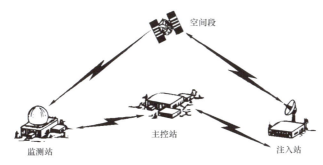

图 5-1-1-8　地面监控设备简图

c. 注入站：将主控站送来的导航、定位控制指令通过 S 波段发送至飞过头顶的卫星。

③ GPS 用户。GPS 用户主要由 GPS 接收机和 GPS 数据处理软件组成，如图 5-1-1-9 所示。

a. GPS 接收机：主要由主机、天线和电源组成，主要功能是接收、追踪、放大卫星发射的信号，获取定位的观测值，提取导航电文中的广播星历以及卫星时钟改正参数等。

b. GPS 数据处理软件：是对 GPS 接收机获取的卫星测量记录数据进行预处理，并对处理的结果进行平差计算、坐标旋转和分析综合处理，计算出用户所在位置的三维坐标、速度、方向和精确时刻等。

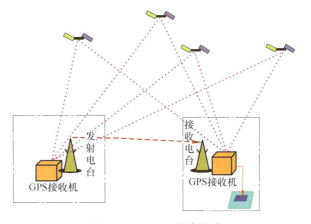

图 5-1-1-9　GPS 用户组成

GPS 可以提供两种类型的服务，即军用和民用服务，也称为精密定位服务和标准定位服务。

3. 全球导航卫星系统的定位原理

要了解全球导航卫星系统的定位原理，首先需要研究卫星定位的信号特点，下面以 GPS 为例进行说明。

（1）GPS 的信号特点　如图 5-1-1-10 所示，每个 GPS 卫星播发一组信号，包括 2 个不同频率的载波信号（L1 和 L2）、2 个不同的测距码信号（C/A 码调制在 L1 载波

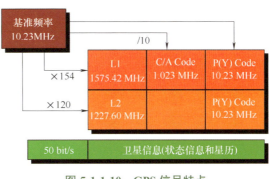

图 5-1-1-10　GPS 信号特点

上，P码或Y码同时调制在L1及L2载波上)以及卫星的轨道信息。

C/A码(Coarse Acquisition Code):又称粗码、捕捉码,码长为1023bit,周期为1ms,数码率为1.023Mbit/s,码元宽为293.1m,供民用。

P码(Precise Code):又称精码,码长为6.19×10^{12}bit,周期为7d,数码率为10.23Mbit/s,码元宽为29.3m,P码的数码率比C/A码高10倍,精度更高,供军用。

卫星接收机根据不同的定位方式,将接收到的信号进行不同的处理,得到定位坐标。

(2)GPS的测距原理　GPS的测距原理有两种形式:伪距测量和载波相位测量。

1)伪距测量。伪距测量就是测定卫星到接收机的距离。每一卫星播发一个伪随机测距码信号,该信号大约每1ms播发一次。

接收机同时复制出一个同样结构的信号并与接收到的卫星信号进行比较,可以得出卫星发送信号与接收机接收到信号的延迟时间(dT),dT乘以光速就能得到卫星到接收机之间的距离,如图5-1-1-11所示。

2)载波相位测量。载波相位测量是测定GPS卫星载波信号到接收机天线之间的相位延迟。GPS卫星载波上调制了测距码和导航电文,接收机接收到卫星信号后,先将载波上的测距码和卫星电文去掉,重新获得载波,这一过程称为重建载波。GPS接收机将卫星重建载波与接收机内由振荡器产生的本振信号通过相位计比相,即可得到相位差。

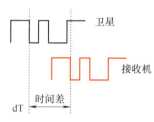

图5-1-1-11　伪距测量原理

如果卫星发射的信号相位为ϕ_s,该信号在接收机的相位为ϕ_R,若载波的波长为λ,则卫星到接收机的距离为$\rho=\lambda(\phi_s-\phi_R)$,载波波长($\lambda_{L1}$=19cm,$\lambda_{L2}$=24cm)比C/A码波长($\lambda_{C/A}$=293m)短得多,所以,GPS测量采用载波相位观测值可以获得比伪距(C/A码或P码)定位高得多的成果精度。

(3)四星基本定位原理　全球导航卫星系统是能在地球表面或近地空间的任何地点为用户提供全天候的三维坐标和速度以及时间信息的空基无线电导航定位系统。因此,如果要知道经纬度和高度,就必须收到4颗卫星信号才能准确定位,其定位原理称为四星基本定位原理,也称为点位测定原理。

尽管GNSS能够实现较准确的定位,但是由于一些其他的原因会造成定位误差,这些误差的原因主要涉及卫星本身原因、传播途径以及接收设备。定位误差如图5-1-1-12所示。

那么如何修正这些误差呢? GNSS通过两种增强改正模式,即实时动态(RTK)载波相位差分技术和精确点定位(PPP),极大地提高了GNSS的精度,将定位精度从几米提高至几厘米。

实时动态(Real Time Kinematic,RTK)载波相位差分技术的原理如图5-1-1-13所示,在RTK作业模式下,基准站通过数据链将其观测值和测站坐标信息一起传送给移动站。移动站不仅通过数据链接收来自基准站的数据,还要采集GPS观测数据,并在系统内组成差分观测值进行实时处理,同时给出厘米级定位结果,历时不足1s。流动站可处于静止状态,也可处于运动状态;可在固定点上先进行初始化后再进入动态作业,也可在动态条件下直接开机,并在动态环境下完成整周模糊度的搜索求解。

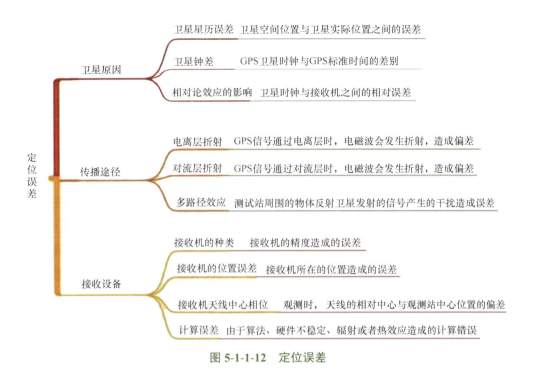

图 5-1-1-12　定位误差

精确点定位（Precise Point Positioning，PPP）如图 5-1-1-14 所示，PPP 使用地面站组成的全球网络生成精确的信号，并通过互联网或地球静止轨道卫星将信号发送给用户，系统精度可达数十厘米，车辆中的接收机需要用 20~60min 才能与 PPP 信号实现校准，此后才能依靠信号完成精确定位。

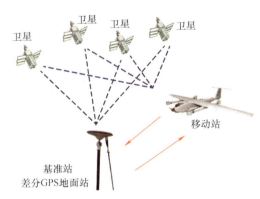

图 5-1-1-13　实时动态载波相位差分技术的原理

图 5-1-1-14　精确点定位

PPP 与 RTK 定位区别是：它不需要从一个或多个精密调查的近距离参考站获取观测数据，并且 PPP 提供绝对定位，而不是像 RTK 那样提供相对于基准站的位置。PPP 只需要精确的轨道和时钟数据，由处理中心通过相对稀疏的台站网络（相隔数千米就足够了）的参考站测量结果进行计算，为每一个人提供精准定位。

4. 全球导航卫星系统在汽车上的应用

随着汽车智能化的发展，一般汽车企业都是采用多传感器融合的技术进行定位，即将 GNSS 与惯性测量单元（Inertial Measurement Unit，IMU）相结合进行定位。IMU 也称为惯导传感器。

IMU 的工作机理建立在牛顿经典力学的基础上：一个物体如果没有外力作用，将保持静止或匀速直线运动；如果能够测到加速度，通过加速度对时间的两次积分能够获得位移，以此实现位置定位；如果能够测量到角速度，通过积分可以获取位置信息，将它们结合在一起可以获得物体的实际状态。

（1）惯导传感器　惯导传感器主要由三个轴加速度传感器以及三个轴的陀螺仪组成。

现代陀螺仪是一种能够精确地确定运动物体方位的仪器，它相当于导航传感器，一般集成在导航主机内部，导航主机可利用其输入信息进行计算来确定车辆指向和位置。它类似精密的指南针，不需要维修校准，值得注意的是，并不是每辆车都配备陀螺仪。

1）陀螺仪的原理。陀螺仪的基本结构有陀螺轮（常采用同步电动机、磁滞电动机、三相交流电动机等拖动方法来使陀螺转子绕自转轴高速旋转，其转速近似为常值）、平衡环（或称内、外环，它是使陀螺自转轴获得所需角转动自由度的结构）、陀螺转子，如图 5-1-1-15 所示。

陀螺仪是一种用来感测与维持方向的装置，它是基于角动量守恒的理论设计出来的。陀螺仪一旦开始旋转，由于陀螺轮的角动量，陀螺仪有抗拒方向改变的趋向，即一个旋转物体的旋转轴所指的方向在不受外力影响时，是不会改变的。

2）自律导航。当汽车行驶到地下隧道、高层楼群、高速公路等遮掩物而接收不到 GPS 卫星的信号时，系统可自动进入自律导航，如图 5-1-1-16 所示。此时车速传感器检测出车速，通过汽车的微处理器，计算出汽车的前进距离。陀螺仪直接检测出前进方向的变化和行驶状态。

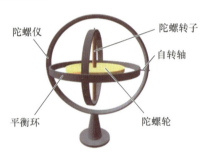

图 5-1-1-15　陀螺仪的结构

图 5-1-1-16　自律导航（隧道内）

例如，当汽车行驶在沟状山道、环状盘形桥上、雪道原地打滑地段时，所有这些曲线距离与卫星导航的经纬度坐标产生了误差，只有通过陀螺仪的检测和微处理器的计算才能得到正确的汽车位置。但其定位精度远低于 GPS 的定位精度。

3）加速度传感器的结构。加速度传感器实际是偏航率传感器。它的基本组件是一个硅单晶体制成的双音叉微机械系统，该系统在一个小电子部件内，这个电子部件装在传感器片上。

双音叉在其"腰部"处与其他硅元件相连，为了清楚表示结构，此处未画出这部分，如图 5-1-1-17 所示，双音叉由一个励磁音叉和一个测量音叉构成。

音叉式偏航率传感器的工作原理：加载交流电压后，硅制音叉会产生谐振。这两个音叉是这样设定的：励磁音叉以 11kHz 谐振，测量音叉以 11.33kHz 谐振。因此，若双音叉上作用有 11kHz 交流电压时，励磁音叉发生谐振，而测量音叉不会发生谐振，如图 5-1-1-18 所示。

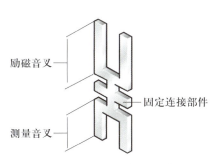

图 5-1-1-17　加速度传感器的结构　　　图 5-1-1-18　音叉式偏航率传感器的工作原理

双音叉的另一半和传感器与车辆一同在旋转加速度作用下运动时，双音叉中发生振动的部分的反应滞后了，因此双音叉会扭动。

这种扭动会引起音叉上电荷分布的改变，电极可测出这个改变，传感器将其处理后作为信号传给控制单元，如图 5-1-1-19 所示。

4）MEMS。随着技术的发展，微机电系统（Mirco-Electro-Mechanical System，MEMS）惯导传感器已经成为主流。

MEMS 配备了三轴陀螺仪和加速度计，已经成为手机的标准配置。现在智能汽车的研究也采用这种配置，如图 5-1-1-20 所示。

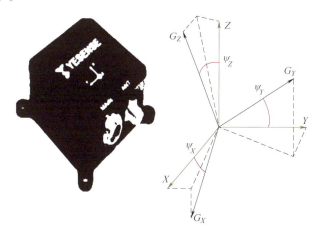

图 5-1-1-19　音叉式偏航率传感器的扭动　　　图 5-1-1-20　微机电系统惯导传感器简图

（2）GPS 接收机　　GPS 接收机又称为 GPS 传感器。GPS 接收机的主要功能是接收 GPS 卫星信号并将信号进行放大、变频、锁相处理，测定 GPS 信号从卫星到接收机天线的传播时间，解释导航电文，实时计算 GPS 天线所在位置（三维坐标）及运行速度等。GPS 接收机主要由 GPS 接收机天线、主机和电源三部分组成。

1）GPS 接收机天线。GPS 接收机天线由天线单元和前置放大器两部分组成。天线的作用是将 GPS 卫星信号的微弱电磁波能量转化为相应电流，并通过前置滤波放大器将接收到的 GPS 信号放大。当 GPS 卫星在用户视界升起时，GPS 接收机能够捕获到按一定卫星高度截止角所选择的待测卫星，并能够跟踪这些卫星的运行。图 5-1-1-21 所示为 GPS 接

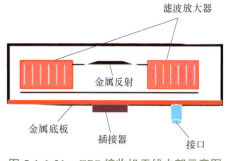

图 5-1-1-21　GPS 接收机天线内部示意图

135

收机天线内部示意图。

2) GPS 接收机主机。GPS 接收机主机由变频器、信号通道、微处理器、存储器和显示屏组成。变频器的主要任务是使接收到的 L 频段射频信号变成低频信号。信号通道是软硬件结合的电路,是接收机的核心部分,其作用是搜索、牵引并跟踪卫星,并将广播电文信号解调成为广播电文,进行距离测量。存储器用于存储每小时一次的卫星星历、卫星历书、接收机采集到的距离数值信息。微处理器是 GPS 接收机主机工作的核心,GPS 接收机主机的工作都是在微处理器指令统一协同下进行的。GPS 接收机主机都有液晶显示屏,它提供 GPS 接收机的工作信息并配有一个控制键盘,以便用户控制接收机的工作。GPS 接收机主机不仅需要功能较强的机内软件,而且需要一个多功能的 GPS 数据测后处理软件包。接收机主机添加了数据测后处理软件包,才是完整的 GPS 用户设备。GPS 接收机原理如图 5-1-1-22 所示。

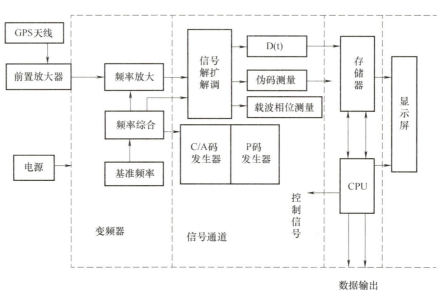

图 5-1-1-22　GPS 接收机原理

3) GPS 接收机电源。GPS 接收机电源有两种:一种为内电源,一般采用锂蓄电池,主要对随机存取存储器(RAM)供电;另一种为外接电源,常用可充电的 12V 直流镍铬蓄电池。

4) GPS 与 MEMS 的组合。GPS 定位和惯性定位的优缺点都很突出,现在通常采用多传感器融合技术将 GPS 定位和惯性测量相结合。现在进行智能汽车研究时基本采用下面的组合。

GPS 天线分别旋拧到两个强磁吸盘上并分别固定摆放在测试载体的前进方向和后退方向上,尽可能地将其安置于测试载体的最高处以保证能够接收到良好的 GNSS 信号,同时要保证两个 GPS 天线相位中心形成的连线与测试载体中心轴线方向一致或平行,如图 5-1-1-23 所示。

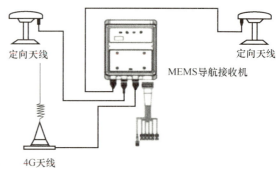

图 5-1-1-23　GPS 与 MEMS 的组合简图

5. 全球导航卫星系统的检测和标定

GNSS 的检测和标定包括 GPS 接收机的检测、惯导传感器的标定，具体操作方法如下。

（1）GPS 接收机的检测　GPS 接收机故障通常表现为主机内部故障。GPS 接收机故障可采取互换的方法排查，导航主机内的卫星定位传感器故障则无法单独进行维修与检测，在售后维修中，通常以导航主机电路检测为主。

1）导航主机电路检测。以图 5-1-1-24 宝马车型电路图为例，对导航主机电路检测包含以下内容：

① 检测 15 号针脚电压，对搭铁电压应为蓄电池电压。

② 检测 12 号针脚电压，对搭铁电压应为 0V。

③ 1 号针脚为 GPS 天线，工作时对搭铁电压应为 3~5V。

④ 11 号和 9 号为 CAN 网络通信线。

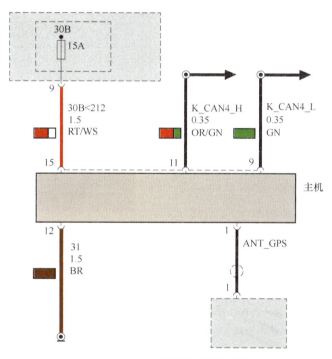

图 5-1-1-24　导航主机电路检测

2）GPS 天线检测。所有导航天线都通过高频同轴电缆供电。如果天线发生了断路或者短路，会存储相应的故障信息。利用万用表进行导航天线的检测，可以在任意一个可能的测量点上检测电压，判断 GPS 天线的输出端是否正常，如图 5-1-1-25 所示。

（2）惯导传感器的标定

1）标定的目的。标定的目的就是使惯导传感器与感知系统的传感器处于一个统一的立体坐标系。智能网联汽车的激光雷达传感器、毫米波雷达传感器、超声波雷达传感器通过扫描会使车辆观察到车辆外面的信息，但这些传感器在整个扫描过程中是运动的，如果车辆需要确定外面的信息，必须确定车辆运动出发点为世界坐标系原点，这就需要车辆的 GNSS 和惯导传感器传递的信息与车上的传感器之间的数据结构不会发生变化，如果发生变化，检测的数值对车辆的精确判定就会产生影响。所以惯导传感器标定的目的是使惯导传感器与车辆感知系统的传感器数据结构保持一致，如图 5-1-1-26 所示。

图 5-1-1-25　GPS 天线检测简图

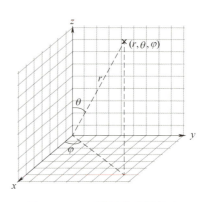

图 5-1-1-26　惯导传感器标定

2）标定的准备。每一个厂家的标定方法会有所区别，一般需要以下条件：

① 场地要求：水平路面，部分凹凸路面，便于车辆的跳跃。

② 车辆要求：保证车辆四轮胎压正常，四轮定位正常，处于空载状态，校准完成后车身质量不允许有过大变动，从而造成车辆行驶轴线的偏转，惯导传感器的标定场景如图 5-1-1-27 所示。

3）标定一般流程。连接诊断仪，然后安装传感器，调校传感器相对位置，如图 5-1-1-28 所示。激光雷达传感器被水平放置于车顶以获得 360° 的感知范围，而组合惯导也常与车的对称轴以及水平面对齐以统一坐标系的定义。如图 5-1-1-28 所示红色圆表示激光雷达传感器、红色矩阵表示惯性导航 IMU。

图 5-1-1-27　惯导传感器的标定场景

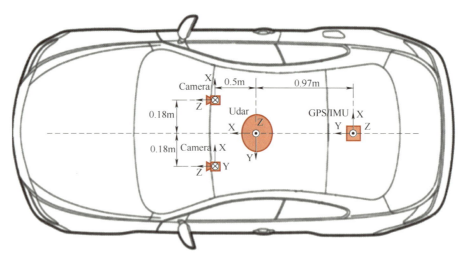

图 5-1-1-28　安装传感器

数据采集时，在水平路面，驾驶车辆按 "8" 字行驶，如图 5-1-1-29 所示，记录雷达传感器和 GPS 的信号，通常运行 2min 时间，进行数据的采集。由于是在水平路面进行采集，无法准确标定激光雷达传感器与组合惯导之间的高度差。不同车辆的标定要求不一样，具体需要按照车辆的维修手册决定是否需要进行全面数据的记录，然后把记录的数据在诊断仪进行输入，按照诊断仪的输出指令进行操作，完成传感器的标定。

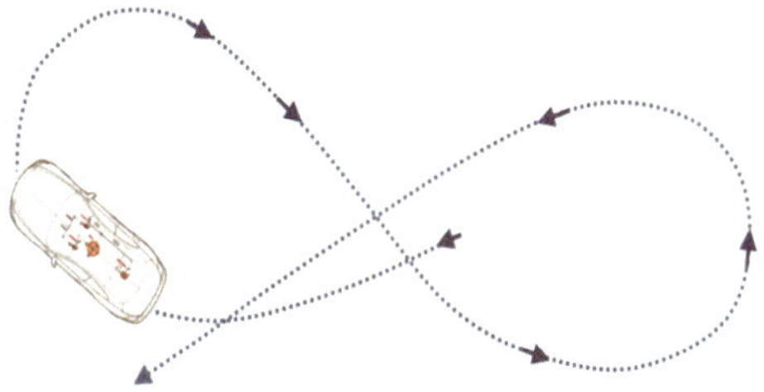

四、能力训练

任务描述：

利用诊断仪和万用表对 GNSS 实验车辆的定位系统传感器进行电路的检测，并进行传感器的更换和标定。

图 5-1-1-29　数据的采集

1. 操作条件

工具资料	名　　称	规　　格	备　　注
资料	车型维修手册	电子版或纸质版	对应设备
	技术快讯	对应车型	根据实际情况确定有无
工具与设备	诊断仪	匹配车型版本	—
	万用表	适用于低压电路检测	—
	GNSS 试验台		
操作对象	GNSS 实验车辆		

2. 安全及注意事项

1）检测前确保高压电路处于断开状态。

2）应穿戴好绝缘手套并铺设绝缘垫。

3）在拆卸前要彻底清洁连接处、维护开口及其周围区域。

4）将拆下的部件放在干净的垫子上并盖住，请勿使用容易掉毛的抹布。

5）如果无法立即进行维修，则要仔细地盖好或密封已打开的部件。

6）只允许安装干净的部件。

7）安装前才从包装中取出配件。

8）请勿使用无包装保存（例如在工具箱内等）的部件。

9）只有在安装前才拆下运输保护包装和密封盖。

10）对于打开的装置，不得用压缩空气工作，不要移动车辆。

11）检测过程中确保诊断仪等检测工具不被人为损坏。

12）测量完毕后，检测设备放回原位，严禁随意摆放。

3. 操作过程

序号	步骤	操作方法及说明	质量标准
1	检测GPS主机电源电压	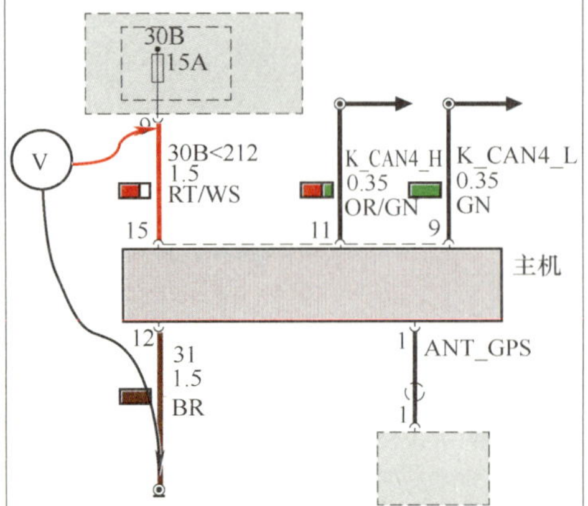 (电路图：检测GPS主机15号针脚电压)	1）把探针与15号针脚连接，红表笔检测电源线 2）在打开起动开关后，与搭铁间的电压应为蓄电池电压
2	检测GPS主机电源电路导通性	断开熔丝，万用表调至电阻档 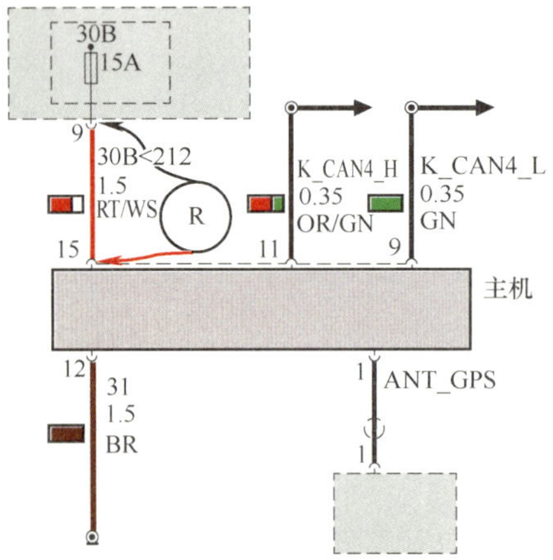 (电路图：万用表R测15号针脚与接线盒9号端子)	检测GPS主机15号针脚与接线盒9号端子之间的导通情况：标准值应该小于0.5Ω
3	检测GPS主机网络信号电路电压	把探针与9号和11号针脚连接，红表笔分别进行网络信号检测 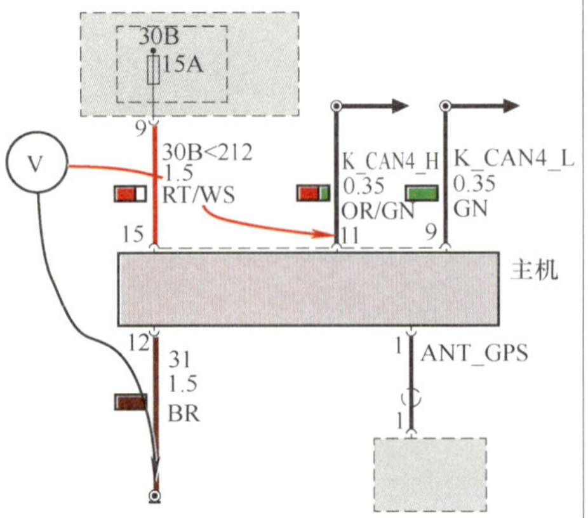 (电路图：检测11号和9号端子电压)	在打开起动开关后，黑表笔与搭铁相连 11号和9号端子电压分别是2.7V左右和2.4V左右

(续)

序号	步骤	操作方法及说明	质量标准
4	检测GPS主机天线电路电压	把探针与1号连接，红表笔分别进行天线电压信号检测 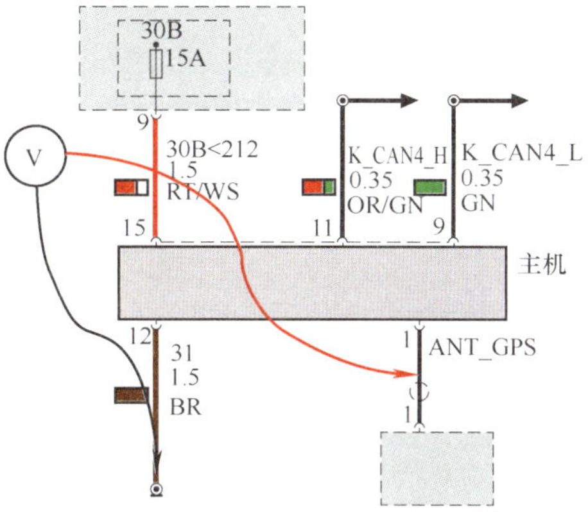	在打开起动开关后，黑表笔与搭铁相连测量1号电压为5V
5	安装GNSS传感器	1）连接诊断仪，然后安装传感器，调校传感器相对位置 2）按照维修手册要求安装激光雷达传感器（被水平放置于车顶）以获得360°的感知范围 3）按照维修手册要求安装组合惯导，与车的对称轴以及水平面对齐	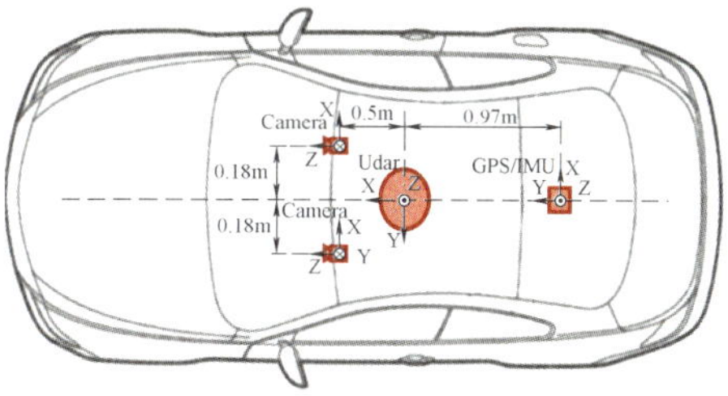
6	标定GNSS传感器	在水平路面，驾驶车辆按"8"字行驶，记录雷达传感器和GPS的信号，通常运行2min时间，进行数据水平路试的采集	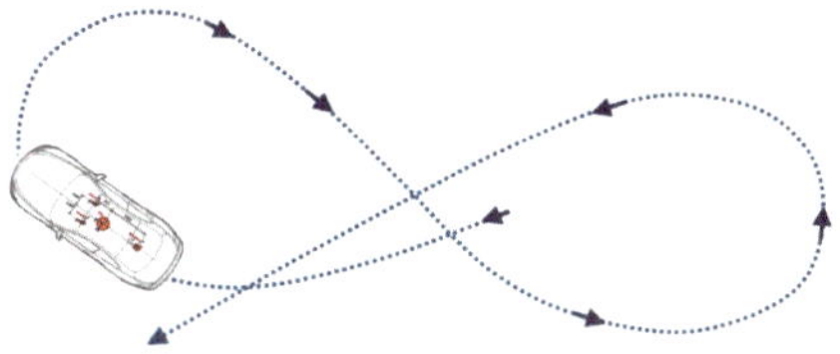

情境问题：

我国的 GNSS 相比于其他 GNSS 的独特功能是什么？

提示：三维坐标、速度、时间信息，是 GNSS 的必备功能。北斗系统有一个独特的功能，就是短报文（文字信息），在关键时刻，这个功能可以发挥很大的作用。

4. 学习结果评价

序号	评价内容	评价标准	评价结果(是/否)
1	GPS 主机电源电路的检测	能够按照维修手册进行 GPS 主机电源电压的检测	
2	GPS 主机电源电路导通性的检测	能够按照维修手册进行 GPS 主机电源电路导通性的检测	
3	GPS 主机网络信号电路电压检测	能够按照维修手册进行 GPS 主机网络信号电路电压检测	

（续）

序 号	评价内容	评价标准	评价结果(是/否)
4	GPS 主机天线电路电压检测	能够按照维修手册进行 GPS 主机天线电路电压检测	
5	GNSS 传感器的安装	能够按照维修手册要求进行 GNSS 传感器的安装	
6	GNSS 传感器的标定	能够按照维修手册进行 GNSS 传感器的标定	
7	信息检索的使用	能够使用正确的关键词获取所需的学习信息	
8	信息的传达	能够清晰明确地表达自己的想法	
9	工作方法改进的意识	能够根据任务完成的结果制订有效的优化方案	
10	安全操作规范	能够按安全操作规范使用工量具	

五、课后作业

1. 根据学习内容，把地面监控设备的组成部分名称填入图中空白处。

2. 根据学习内容，完善下列检测过程中的关键信息。

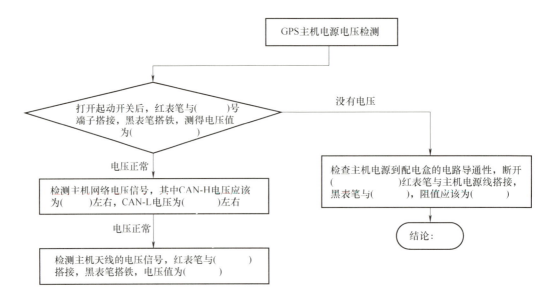

项目 06
智能汽车 ADAS 功能测试

本项目将学习智能汽车 ADAS 功能测试相关的内容，具体内容如下：

```
                                                      ┌── 智能巡航控制系统
                                                      ├── 自动紧急制动系统
                                    1.ADAS的基本概念 ──┼── 车道保持辅助系统
                                                      ├── 侧面碰撞修正控制系统
                                                      └── 自动泊车辅助系统

                                    2.智能巡航控制系统功能与测试 ──┬── 定速巡航功能测试
                                                                  └── ICC定距巡航功能测试

                                                                  ┌── 自动紧急制动功能特点
智能汽车ADAS ── 进行智能汽车ADAS ── 3.自动紧急制动系统功能与测试 ──┼── 功能触发类型
  功能测试          功能测试                                       └── 自动紧急制动系统操作说明

                                                                  ┌── 功能触发条件
                                    4.车道保持辅助系统功能与测试 ──┼── 车道保持辅助功能特点
                                                                  └── 车道保持辅助操作说明

                                    5.侧面碰撞修正控制系统功能测试 ──┬── 侧面碰撞修正控制功能特点
                                                                    └── 侧面碰撞修正控制操作说明

                                                                      ┌── 倒车雷达功能及操作
                                                                      ├── 倒车影像功能及操作
                                    6.自动泊车辅助系统功能与测试 ──────┼── 自动泊车功能及操作
                                                                      └── 全景视觉泊车辅助功能及操作
```

工作任务 6

进行智能汽车 ADAS 功能测试

职业能力 6　正确进行智能汽车 ADAS 的功能测试

一、核心概念

智能巡航控制系统；自动紧急制动系统；车道保持辅助系统；侧面碰撞修正控制系统；自动泊车辅助系统。

二、学习目标

知识目标：能够准确阐述 ADAS 的操作方法。
技能目标：能够完成 ADAS 的功能测试。
素养目标：培养学生互联网思维和网络安全意识。

三、基本知识

智能驾驶是未来汽车发展的必然趋势，无人驾驶是智能汽车发展的终极目标。ADAS 是能够率先落地的无人驾驶车辆创新技术。ADAS 模块化分类主要有以下几个关键技术：智能巡航控制（ICC）、车道保持辅助（LKA）、自动紧急制动（AEB）、自动泊车辅助（APA）、侧面碰撞修正控制系统等。

1. ADAS 的基本概念

（1）智能巡航控制系统　智能巡航控制（ICC）系统集成了主动巡航功能与车道保持功能，可以在 0~120km/h 速度范围内同时对车辆进行主动巡航控制和保持车道中间控制。系统可以根据设定车速和跟车时的间距，控制自车的车速，根据左右两侧的车道线，保持自车在车道中间行驶。

该系统主要为驾驶人在高速公路或高架等路况较好的道路上提供舒适性辅助驾驶体

验，驾驶人需要时刻保持对车辆的控制。

（2）自动紧急制动系统　自动紧急制动系统可以预知潜在的碰撞危险并及时通知驾驶人，而且在必要的情况下，此系统会自动控制制动踏板完成制动操作，以避免或减轻碰撞伤害。

（3）车道保持辅助系统　车道保持辅助（LKA）系统通过前风窗玻璃处的前置摄像头检测两侧车道线来判断车辆相对于左侧和右侧车道线的距离和方位。一旦车辆偏离自车道并有触碰车道线的趋势，系统会通过仪表声音报警引起驾驶人注意或者通过电动助力转向（EPS）系统为驾驶人提供转向控制使车辆返回自车道。该系统适用于高速工况，不适合在城市交通状况下使用。

（4）侧面碰撞修正控制系统　侧面碰撞修正控制系统包括盲点监测（BSD）、变道辅助（LCA）、开门预警（DOW）、后方横向来车预警（RCTA）等功能，系统对车辆后方和两侧的汽车、摩托车、自行车都可以实现检测，提高超车或变道时的行车安全性，复杂路况和恶劣天气时也能起到更好的警示作用。

（5）自动泊车辅助系统　自动泊车辅助系统是一套能够测量泊车位尺寸、计算适用轨迹、泊车操纵时进行车辆横纵向控制以及向驾驶人发出必要指令的系统，可以通过控制车辆的加减速度和转向角度，实现车辆自动泊入和泊出。甚至在驾驶人发出指令后，车辆可以自主地泊入与泊出。

2. 智能巡航控制系统功能与测试

下面以吉利车型为例进行讲解。

（1）定速巡航功能测试　定速巡航系统（CCS）用于控制汽车的定速行驶，汽车一旦被设定为巡航状态，动力输出即由动力控制模块控制，动力控制模块会根据道路状况和汽车的行驶阻力不断地调整输出转矩，使汽车始终保持在所设定的车速行驶，无须操纵加速踏板，减轻了疲劳，同时减少了不必要的车速变化。一般情况下，当驾驶人踩下制动踏板或加速踏板时定速巡航功能会被自动解除。

1）功能特点。定速巡航系统能帮助驾驶人在车流稳定的公路和长直道路上驾驶时，无须踩踏加速踏板即可让车辆在设定的速度行驶，驾驶更加轻松惬意。

车速为30~120km/h时，无论有无前方目标，定速巡航功能都可激活，设定车速为当前车速；功能启用后，在组合仪表上会有相应指示灯点亮，如图6-1-1-1所示。

图6-1-1-1　定速巡航仪表显示

> **注意：** 该速度区间因车型不同有所区别。

2）操作说明。吉利星越车型装配的自适应巡航系统开启方法有两种：

① 通过组合仪表开启自适应巡航功能。

② 通过多功能转向盘左侧自适应巡航开关去开启。

车速在 30~120km/h 之间时，按下巡航按键，巡航功能激活，组合仪表上巡航指示灯亮起，呈灰色。

组合仪表选择"巡航类型"（图 6-1-1-2）能够在下面两种模式中切换：

① 自适应巡航控制模式（ACC）。

② 智能巡航控制模式（ICC）。

选择自适应巡航控制，开启自适应巡航控制系统。

图 6-1-1-2　巡航类型选择

还可以通过按压多功能转向盘按钮开启自适应巡航控制系统。

图 6-1-1-3 所示为吉利车型的多功能转向盘左侧组合按键，按压"ICC/ACC 按键"，激活自适应巡航控制或智能巡航控制功能。

图 6-1-1-4 所示为巡航的操作手柄。巡航功能激活后，向"RES+"（恢复/加速）方向拨动，车辆恢复到上一次设定的速度进行巡航，向"SET-"（设定/减速）方向拨动，以当前车速作为巡航速度；也可通过 SET- 和 RES+ 调节巡航速度。

巡航激活时，深踩加速踏板能实现临时加速超车。

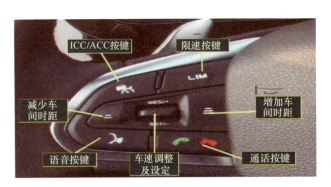 

图 6-1-1-3　多功能转向盘左侧组合按键　　图 6-1-1-4　巡航操作手柄

（2）ICC 定距巡航功能测试　智能巡航控制系统能够实现车辆的定速、定距及侧向和纵向控制，此系统是智能驾驶的一部分，其功能如图 6-1-1-5 所示。

1）功能特点。智能巡航控制（ICC）系统采用前方毫米波雷达传感器与前方摄像头融合策略，相比于单前方毫米波雷达传感器，增强了目标识别率。

图 6-1-1-5 智能巡航控制（ICC）系统功能

车辆识别到前方车辆时，通过雷达传感器/摄像头融合进行跟车巡航，还可以进行跟停控制。

① 交通拥堵辅助：当本车速度小于 60km/h，且满足该功能激活条件后，其可以控制本车在自车道内跟随前车安全行驶；当车辆处于低速拥堵路况时，系统能够保证车辆跟随前车行驶，包括直行和一定程度的转弯（转弯半径大于 250m）和变道。

② 集成式巡航功能：当本车速度大于 60km/h 时，自车探测车道线有效的工况下，其可以控制本车在自车道内跟随前车安全行驶，包括直行道以及弯道等，系统能够保证车辆在车道内行驶。

③ 目标识别：能够最多识别 4 个车辆目标并显示在液晶仪表上，最大限度地识别环境路况。

智能巡航控制系统可以在 0~120km/h 范围同时对车辆进行巡航控制和保持车道中间控制。系统可以根据设定车速和跟车车间时距控制自车的车速，根据左右两侧的车道线控制自车在车道中间行驶（图 6-1-1-6）。

图 6-1-1-6 智能巡航控制系统车道线控制

2）操作说明。将吉利车型 ICC 定距巡航功能激活后，即可设定车间时距，操作步骤如下。

通过转向盘左侧车间时距按键调节驾驶人要与前车保持的距离。车间时距分为三档，分别为 1.0s、1.5s 和 1.9s，每次打开起动开关，默认车间时距为 1.9s，驾驶人可依据自己喜好设定期望的车间时距，按键见图 6-1-1-3。

车间时距设定完成后，仪表中出现车间时距指示图像，如图 6-1-1-7 所示。

图 6-1-1-7　仪表显示车间时距指示

由于当前软硬件限制，该系统仍存在如下限制：

① 对静止物体无法识别。

② 如果正前方相关目标车辆没有被系统正确地选择到，ACC 将会使车辆加速到驾驶人设定的期望速度。

③ 如果前方有不相关的车辆，例如相邻车道上的车，被错误地选择作为正前方的目标车辆，ACC 将会使车辆减速。

3. 自动紧急制动系统功能与测试

下面以吉利车型自动紧急制动系统为例进行讲解。

（1）功能特点　自动紧急制动（Autonomous Emergency Brake，AEB）系统，包含车辆自动紧急制动与行人自动紧急制动。自动紧急制动系统需要前方单目摄像头和中距毫米波雷达传感器两大配置支持，其功能如图 6-1-1-8 所示。

图 6-1-1-8　自动紧急制动系统功能

中距毫米波雷达传感器能够探测前方 120m 左右的目标，能够检测前车相对速度，并将目标属性信息以及雷达状态信息输给单目摄像头。

前方单目摄像头能够探测前方 80m 以内的目标，主要负责目标过滤再次确认，以及目标类型分辨，融合雷达发过来的目标属性信息，发出制动指令。

该系统的工作对象是车辆行驶轨迹上的前方车辆及前方的横穿行人。

（2）功能触发类型　该功能仅能辅助驾驶人驾驶，不能完全替代驾驶人进行制动，在行驶中驾驶人需要时刻保持警觉。

系统能在碰撞危险情况下，给驾驶人提供声、光、点制动警告提示，辅助制动及自动紧急制动，从而帮助驾驶人避免或者减轻碰撞。

自动紧急制动系统具备多种子功能，见表 6-1-1-1。

项目06 智能汽车ADAS功能测试

表 6-1-1-1　自动紧急制动系统子功能

子 功 能	功 能 介 绍
制动预填充	制动预填充功能应当消除制动片和制动盘之间的间隙，在紧急制动时减少响应时间，缩短制动距离
液压制动辅助等级调整	液压制动辅助功能用于辅助驾驶人在紧急情况下的制动，该功能根据预设的参数作为判断条件，当驾驶人制动速率满足条件时，采取完全的制动来达到最优的制动距离 液压制动辅助等级调整功能能够根据不同的危险程度，辅助驾驶人在紧急情况下采取完全制动来避免碰撞
安全距离报警	安全距离报警功能工作在非紧急状态（如果保持该状态，也不会有碰撞的风险），用于提示驾驶人跟随前车的距离过小，驾驶人应调整驾驶行为、保持合理车距
预报警	预报警功能应当在出现危险情况时，作为第一级报警首先提示驾驶人做出反应
紧急报警	紧急报警功能应当在危险情况更紧急时，作为第二级报警（有点制动）提示驾驶人做出反应
紧急制动辅助	紧急制动辅助功能应当在紧急情况时，辅助驾驶人提供额外的制动力，从而避免或减轻碰撞的风险
中速紧急制动	中速紧急制动功能应当在预碰撞报警功能提示后，驾驶人依然没有采取措施的情况下，主动控制制动系统施加制动力，增加驾驶人的反应时间并减少相对速度
低速紧急制动	低速紧急制动功能应当在较低速度时，对即将要发生碰撞的紧急情况，主动控制制动系统进行全力制动，以避免或减轻碰撞对驾驶人的伤害
行人预报警	行人预报警功能在检测到行人且有紧急碰撞风险时对驾驶人报警提示，以使驾驶人及时做出反应降低碰撞风险
行人自动紧急制动	行人自动紧急制动功能应当在预碰撞报警功能提示后，驾驶人依然没有采取措施的情况下，主动控制制动系统施加制动力，增加驾驶人的反应时间并减少相对速度

（3）操作说明　自动紧急制动系统可以通过组合仪表界面操作，进入自动紧急制动系统设置菜单。该系统在每个点火周期会自动开启。

吉利车型该功能的工作车速为 4~70km/h，不同车型的工作车速范围会有所差异。

如图 6-1-1-9 所示，功能设置的步骤如下：

① 按下"模式切换键"，按"向右选择键"，仪表显示"驾驶辅助"。

② 选择"自动紧急制动系统"。

③ 通过转向盘上的选择键，选择"功能开启"，图中小框的钩表示自动紧急制动系统功能开启。

注意：

自动紧急制动系统的行人保护相关功能，必须建立在前方摄像头能观察到行人的前提下才能够触发。行人保护的紧急制动功能触发，整体会比车辆紧急制动功能更加谨慎，报警和制动会相对较晚，制动力会相对较强。

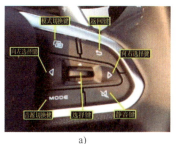
a)
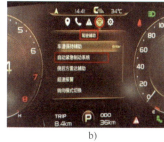
b)

c)

图 6-1-1-9　自动紧急制动系统功能设置图

④ 选择"功能开启"后，能够设置报警的灵敏度。

(4) 功能触发条件

1) 保持安全车距。在车辆高速行驶中（速度大于 65km/h），跟车距离过近的情况下，提醒驾驶人注意保持车距，如图 6-1-1-10 所示。

2) 碰撞报警。系统监测到前方有碰撞风险时，提醒驾驶人该危险情况。距离碰撞发生还有 2.5~3.0s 时发出报警。

3) 点制动。在情况恶化时，距离碰撞发生还有约 2s 时给予车辆一个短促制动，提醒驾驶人注意当前情况。

图 6-1-1-10　保持安全车距

车速越高，点制动的时长越长（一般约 0.3s），给驾驶人提醒，车速下降最高不超过 5km/h。

4) 自动制动。在驾驶人对危险情况无意识，多种提醒下仍无有效操作避免碰撞发生时，系统自动进行制动避免或减轻碰撞，距离碰撞发生还有 1.3s 左右时生效。

由于当前软硬件限制，系统仍存在如下限制：

① 该系统只能提供报警及制动辅助，驾驶人需要时刻保持警惕。

② 出于安全考虑，在驾驶人未关闭车门或未系安全带的情况下，系统不能工作。

③ 在恶劣的天气条件下，如雨、雪、雾等天气，会导致系统功能下降。在这种情况下部分目标将无法被系统探测，或探测过晚。

④ 某些场景会对雷达的探测造成影响，如有防护栏的道路、隧道内、前方车辆驶入/驶出、急转弯道路等。

⑤ 系统不会对动物、迎面而来及横穿的车辆进行反应。

⑥ 当车辆受到撞击或强烈振动时雷达的位置可能会产生偏移，从而导致系统性能下降，应尽快联系服务站进行检测。

⑦ 前方紧急制动系统的实现需要电子稳定控制（ESC）系统的支持，当驾驶人选择关闭 ESC 功能后，该系统将不能工作。

⑧ 请保持中距毫米波雷达传感器及前方摄像头外表面清洁，否则将会影响系统性能。

⑨ 摩托车、底盘高的汽车经常被识别过晚，或者不能被识别。

4. 车道保持辅助系统功能与测试

车道保持辅助（LKA）系统通过前风窗玻璃处的前置摄像头检测两侧车道线来判断车辆相对于左侧和右侧车道线的距离和方位。一旦车辆有偏离车道并有触碰车道线的趋势，系统会通过仪表声音报警引起驾驶人注意或者通过电动助力转向（EPS）系统为驾驶人提供转向控制使车辆返回自车道。

车道保持辅助系统具有车道偏离预警、车道偏离辅助、车道保持辅助等功能。

该系统适用于高速工况，不适合在城市交通状况下使用。下面以吉利星越车型为例进行讲解。

(1) **车道保持辅助功能特点**　车道保持辅助系统是在车道偏离预警系统的基础上对转

向和制动系统协调控制，在自车驶近车道线且存在偏离风险时，系统将通过向转向盘施加转矩主动操控车辆回到车道。

1）车道偏离预警。车道偏离预警是指在自身车辆发生无意识偏离车道的情况下对驾驶人进行警告；无意识的车道偏离包括已经发生的车道偏离，也包括即将发生的车道偏离，如图6-1-1-11所示。

车道偏离预警系统使用后视镜上的前方摄像头实时监测车道信息。

当车辆在大约70km/h或更高的车速下行驶时，车道偏离预警（LDW）系统提供车道偏离预警功能。

当车辆接近行车道的左侧或右侧时，将发出声音警告，并且组合仪表上的车道偏离警告灯（黄色）将闪烁，以提醒驾驶人。

图6-1-1-11　车道偏离预警功能简图

当驾驶人开启转向信号灯，转动转向盘变道时，该系统不发出警告。当驾驶人操作转向盘将车辆返回车道标记线内侧时，警告功能将停止工作。

2）车道保持辅助。当车辆在大约70km/h或更高的车速下行驶时，车道保持辅助功能根据车道摄像头判定当前是否处于偏离车道状态，若已偏离，系统将通过向转向盘施加转矩主动操控车辆回到车道。

当车辆接近行车道的左侧或右侧时，将发出声音警告，并且组合仪表上的车道偏离警告灯（黄色）将闪烁，以提醒驾驶人。随后，LDP系统自动施加短时间制动，以帮助车辆返回行车道的中央，如图6-1-1-12所示。

当驾驶人开启转向信号灯，转动转向盘变道时，不执行警告和制动控制。当驾驶人操作转向盘将车辆返回车道标记线内侧位置时，警告和辅助功能停止工作。

图6-1-1-12　车道保持辅助功能显示

（2）车道保持辅助操作说明　车道保持辅助系统可以通过组合仪表界面操作，进入车道保持辅助模式设置菜单。该系统在每个点火周期会自动开启。

如图6-1-1-13所示，功能设置如下：

① 按下多功能转向盘的"模式切换键"，按"向右选择键"，仪表显示"驾驶辅助"，选择"车道保持辅助"。

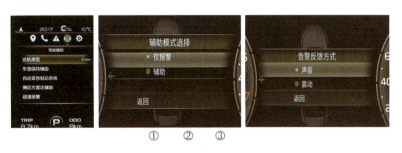

图6-1-1-13　车道保持辅助系统功能设置

② 辅助模式选择中选择仅报警时启用车道偏离预警功能；选择辅助时启用车道保持辅助功能。

③ 通过转向盘上的选择键，选择警告反馈方式中的声音或振动。

表 6-1-1-2 为组合仪表中车道保持辅助系统不同状态下的显示状况。

表 6-1-1-2 组合仪表中车道保持辅助系统不同状态下的显示状况

车道线颜色	无车道线	灰色	白色	蓝色	红色	备注
图像						左右含义一致
含义	识别到车道线	识别到车道线	识别到车道线	转矩正在介入	正在报警	—
现象原因	1) 实际道路确实无车道线 2) 由于天气原因车道线被覆盖 3) 摄像头被遮挡	功能被抑制 1) 车速低于55km/h 2) 打转向灯（双闪） 3) 车辆变道 4) 横摆角速度、转向盘转角变化率超过阈值 5) ESP 激活等	功能正常, 车辆未偏离车道	车辆偏离车道, 转矩介入	车辆偏离车道且纠偏失败, 正在报警	如果车辆正在纠偏，驾驶人主动打转向灯，若此时盲点在报警，则功能不被抑制

由于目前受硬件及软件开发阶段的影响，系统存在如下限制：

① 雨雪、雾天、强光等恶劣环境下，摄像头识别性能受到影响，导致系统出现不同程度的性能下降。

② 由于脱手检测的力矩是 EPS 通过扭杆传感器进行检测的，所以当驾驶人的手虚搭在转向盘上时，会导致系统误报警。

③ 由于道路类型繁多复杂，系统检测到的车道偶尔会出现直道和弯道的切换。

④ 在辅助模式下，若选择振动报警模式，存在无法触发转向盘振动报警的情况。

⑤ 车辆无法在弯道半径小于 250m 的道路上激活。

5. 侧面碰撞修正控制系统功能测试

汽车侧面碰撞占到交通事故的三分之一，为了保护车辆侧面的安全，目前各品牌汽车都装配有侧面碰撞修正控制系统或盲点侧撞预防系统，车型不同系统的名称有所区别。

吉利车型装配的后部交通识别系统（RSRS），其通过车辆后部保险杠内左右两侧的 77GHz 毫米波雷达传感器实现障碍物的检测，能够避免侧面碰撞事故的发生。

（1）**侧面碰撞修正控制功能特点** 后部交通识别系统（RSRS）包括盲点监测（BSD）、变道辅助（LCA）、开门预警（DOW）、后方横向来车预警（RCTA）等功能，对车辆后方和两侧的汽车、摩托车、自行车都可以实现检测，提升超车或变道时的行车安全性，复杂路况和恶劣天气时也能起到更好的警示作用。

1）盲点监测（BSD）。该功能利用侧方毫米波雷达传感器监测车辆左后、右后

3m×3m 的范围建立预警识别圈，如图 6-1-1-14 所示。

实时盲点监测：车辆起动后，盲点监测系统默认开启；当车速＞15km/h，系统自动通过毫米波雷达传感器探测车辆两侧后方 3m×3m 视觉盲点区域；若该区域有车辆，外后视镜上的黄色指示灯将点亮以警示驾驶人；若此时打开相应转向灯，指示灯开始以 4Hz 的频率闪烁，同时仪表会发出报警声音，警告驾驶人注意变道安全。

作用车速：车速变化大于 15km/h 或小于 120km/h 时，警告功能开启。

更加智能的判断：针对静止物体以及在主动超车状态下与盲区内车辆相对速度大于 15km/h 时不报警，减少误报警的发生概率。

2）变道辅助（LCA）。该功能利用侧方毫米波雷达传感器监测车辆左后、右后，将盲点监测区域扩展到车后 70m 距离（图 6-1-1-15）。

图 6-1-1-14　盲点监测功能简图

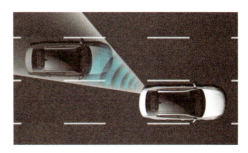
图 6-1-1-15　变道辅助功能简图

扩展盲点监测区域：车辆起动后，变道辅助系统默认开启；当车速＞15km/h，系统自动通过毫米波雷达传感器探测车辆两侧后方 3m×70m 区域；若该区域有车辆快速接近，则在满足预碰撞时间小于 3.5s 时，外后视镜上的黄色指示灯点亮以警示驾驶人；若此时打开相应转向灯，指示灯开始以 4Hz 的频率闪烁，同时仪表会发出报警声音，警告驾驶人注意变道安全。

作用车速：车速变化大于 15km/h 或小于 120km/h 时，警告功能开启。

更加智能的判断：针对静止物体以及预碰撞时间大于 3.5s 的车辆不报警，减少误报警的发生概率。

3）开门预警（DOW）。该功能利用侧方毫米波雷达传感器监测车辆左后、右后，识别开门碰撞风险并通过声光提醒，如图 6-1-1-16 所示。

开门碰撞预警：车辆起动后，开门预警系统默认开启；当车速＜5km/h 并有车门解锁时，系统自动通过毫米波雷达传感器探测车辆两侧后方区域；若该区域有物体快速接近，在预估开门有碰撞风险前 4s 内，外后视镜上的黄色指示灯点亮以警示驾驶人；如果此时相应侧车门打开，指示灯开始以 4Hz 的频率闪烁，同时相应侧音响会发出报警声音，警告乘员注意开门碰撞风险。

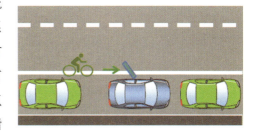
图 6-1-1-16　开门预警功能简图

作用条件：车速＜5km/h 且有车门解锁时，警告功能开启。

更加智能的判断：针对车门范围外（车身 2m 外）以及车门上锁状态时不报警，减少误报警的发生概率。

4）后方横向来车预警（RCTA）。该功能利用侧方毫米波雷达传感器监测车辆左后、右后，探测倒车时横向行驶的移动目标，如图6-1-1-17所示。

后方横向来车预警系统：车辆起动后，后方横向来车预警系统默认开启；当车辆档位为R位且车速<15km/h时，系统自动通过毫米波雷达传感器探测车辆后方横向最远50m区域，若该区域有车辆快速接近，在满足预碰撞时间小于3s时，外后视镜上的黄色指示灯闪烁、仪表蜂鸣，同时倒车影像屏幕上有动画播放以警示驾驶人倒车风险。

图6-1-1-17 后方横向来车预警功能简图

作用车速：倒车车速小于15km/h时，警告功能开启。

更加智能的判断：针对车辆后方4m距离外的车辆以及预碰撞时间大于3s的车辆不报警，减少误报警的发生概率。

（2）侧面碰撞修正控制操作说明　在仪表设置界面或中控屏快捷菜单可以对LCA、RCW、DOW和RCTA功能进行开启和关闭，变道辅助声音可单独设置开启和关闭（需在变道辅助功能开启状态下才能设置），如图6-1-1-18所示。

也可以在中控屏快捷菜单中对LCA、RCW、DOW和RCTA功能进行开启和关闭，如图6-1-1-19所示。

图6-1-1-18 功能设置

图6-1-1-19 车辆功能选择

6. 自动泊车辅助系统功能与测试

在城市中汽车泊车一直是个难题，随着汽车保有量的持续攀升，"停车难、取车难"更是成为仅次于"堵车"的第二大痛点。泊车辅助系统的出现，使车辆停车更加轻松容易，泊车辅助从最初的超声波雷达、倒车影像辅助泊车、全景视觉泊车辅助，发展到使用多个传感器的自动泊车辅助（APA），再到目前部分新车型搭载的遥控泊车辅助（RPA）技术。

新款吉利车型的自动泊车技术已超越遥控泊车辅助（RPA）技术，目前已实现5G-AVP 1km自动泊车技术，未来将探索进入智能云图代客泊车阶段。

（1）倒车雷达功能及操作　倒车雷达系统是最基本的一种倒车辅助系统，该系统使用前后超声波雷达传感器检测车辆角部和前后是否存在障碍物，通过在组合仪表上显示信息和鸣响蜂鸣器的方式，将传感器与障碍物之间的大致距离以及障碍物的位置告知驾驶人，如图6-1-1-20所示。

1）功能特点。该功能在车辆倒车速度低于 5km/h 时，其检测区域为距离后保险杠直线 150cm，拐角距离 70cm。

倒车雷达系统经由声音警告信号和图形画面信息来提示与障碍物的距离，扫除视野死角和视线模糊的缺陷，提高倒车安全性。

倒车雷达分为前部探测雷达及后部探测雷达。

倒车雷达工作过程中，车辆与障碍物距离不同，警报提示音的警报等级有所不同，见表 6-1-1-3。

图 6-1-1-20　倒车雷达功能简图

表 6-1-1-3　警报等级及提示方式

警 报 等 级	障碍物距离	警报提示方式
1	0~40cm	蜂鸣器长鸣
2	40~100cm	蜂鸣器以 4Hz 的开关时间报警，占空比为 50%
3	100~150cm	蜂鸣器以 2Hz 的开关时间报警，占空比为 50%

2）操作说明。在起动时，变速杆位于 R 位后，后部倒车雷达功能就会启动，此外，当出现以下几种情形时，倒车雷达将会自动关闭：

① 将变速杆从 R 位移到其他档位时，后部驻车辅助就会自动解除。

② 倒车雷达功能也可通过倒车雷达开关来取消，如图 6-1-1-21 所示。

③ 当车速超过一定阈值后，倒车雷达功能也会自动取消。

（2）倒车影像功能及操作

1）功能特点。经过多年的发展，从简单的倒车雷达系统到可视倒车影像系统，已经实现了从原来的光听声音来辨别到视频可视化，具体工作时，倒车影像具有以下功能。

① 固定线指引：指显示器上的固定不变的警告位置线（颜色为绿、黄、红），辅助驾驶人倒入一个固定的位置与一个指定的物体对正。

② 动态轨迹：根据转向角度辅助驾驶人进行倒车操作，如图 6-1-1-22 所示。

图 6-1-1-21　功能操作

图 6-1-1-22　动态轨迹图像

③ 视频延迟功能：当变速杆脱离 R 位时，视频会延迟一会儿，让驾驶人看到后面的图像，如图 6-1-1-23 所示。

2）操作说明。当变速杆挂入 R 位时，倒车影像功能会自动启动，后方倒车影像就会在操作显示屏上显示出来。左侧显示雷达区域，右侧显示行车轨迹线区域，驾驶人只要按照行车轨迹线进行倒车操作就可以了。

另外,还可以通过信息显示屏上面的菜单按键来启动倒车影像功能。

(3)自动泊车辅助系统功能及操作　自动泊车辅助系统是一套能够测量泊车位尺寸、计算适用轨迹、泊车操纵时进行车辆横纵向控制以及向驾驶人发出必要指令的系统,同时可以通过控制车辆的加减速度和转向角度实现车辆自动泊入和泊出。

下面以吉利车型为例进行讲解。

1)功能特点。吉利车型的自动泊车辅助系统有三种模式,分别是:

① 自动泊入。

② 自动泊出。

③ 自选车位。

驾驶人可以在垂直车位、水平车位、斜车位三种车位类型中选择。

自选车位模式下,即便是在没有车位线的情况下,车辆也能实现自动泊车,如图6-1-1-24所示。

图 6-1-1-23　视频延迟功能图像　　　　图 6-1-1-24　自动泊车辅助系统三种模式

驾驶人在以<25km/h 的车速搜寻到车位后,系统进入自动泊车控制,并提示驾驶人配合完成 R 位与 D 位的切换,随后驾驶人无须操作加速踏板、变速杆和制动踏板,无须操作转向盘就可以将车辆停入经系统识别的停车位,自动泊车过程中同时以声音警示车辆前后的障碍物距离,如图6-1-1-25所示。

目前吉利新款车型,搭载行业领先的 5G-AVP 1km 自动泊车技术,如图6-1-1-26所示,成为首款搭载 5G-AVP 1km 自动泊车系统的车型,最终将实现 1km 自动托管式泊车,真正在部分场景、工况下实现 L4 级自动驾驶。

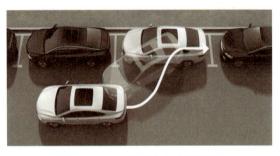 

图 6-1-1-25　自动泊车功能简图　　　　图 6-1-1-26　自动泊车技术

吉利的 5G-AVP 1km 自动泊车技术,将实现地下停车场内全场景停车,车辆自动行驶到任何位置。

用户出门取车时，只需轻点手机APP，就能远程召唤车辆，车辆即可自动起动、自动泊出，并行驶至设定的取车点。

下班泊车时，车辆驾驶至自动泊车地图范围内，驾驶人即可提前下车，车辆会自动驾驶并搜索车位，若途遇障碍，车辆能主动避让车位锁定，可实现垂直、平行等不同车位的自动泊车。泊车成功后，车辆还会自动拍照，接受用户的检查。

该技术全程不需要驾驶人参与，真正实现了完全自动驾驶，帮助用户解决停车难题，极大地提高了用户的使用体验。

2）操作说明。车辆自动泊车入位的功能操作方法如下：

如图6-1-1-27所示，按下控制面板上的全自动泊车按钮，此时泊车按钮上的LED指示灯会点亮，显示屏上显示自动泊车界面，全自动泊车功能被打开，默认进入自动泊车车位搜索模式。

如果车速>15km/h且超时持续10s，系统自动关闭，自动泊车按键指示灯熄灭。

① 此时操作显示屏显示请向前行驶，系统默认显示的是驾驶人右侧停车位的查找，如需搜索左侧车位，请打左转向灯。

② 操作显示屏显示发现车位请停车。

③ 操作显示屏显示提醒释放电子驻车（EPB）系统。

④ 操作显示屏显示长按泊车开关开始泊车。

⑤ 操作显示屏显示泊车完成。

> **注意：** 在自动泊车过程中应防止车速>15km/h，同时也要保证车速不得<5km/h。

（4）全景视觉泊车辅助系统功能及操作　全景视觉泊车辅助系统使用车载360°全景影像摄像头塑造行车真实场景，实现真正的360°全景鸟瞰，可以很好地解决车辆盲区的问题，真正做到泊车无盲区和实现空中鸟瞰行车真实环境，它是让驾驶达到更高安全性的一种高科技汽车安全设备。

1）功能特点。如图6-1-1-28所示，全景视觉泊车辅助系统能够基于静态图像在显示平台上实现虚拟现实技术，通过安装在车身前后左右的4个广角摄像头，同时采集车辆四周的影像，经过图像处理单元矫正和拼接后，形成一幅车辆四周的360°全景俯视图，实时传送到中控台的显示设备上。通过全景视觉泊车辅助系统，驾驶人坐在车中即可直观地看到车辆所处的位置以及车辆周围的障碍物，从容操控车辆泊车入位或通过复杂路面，有效减少剐蹭、碰撞等事故的发生。

图6-1-1-27　自动泊入功能激活

图6-1-1-28　全景视觉泊车辅助系统功能简图

2）操作说明。如图6-1-1-29所示，在操作显示屏上手触单击"360全景"图标，进入全景视觉泊车辅助系统，或通过变速杆挂入 R 位来完成激活。

如图 6-1-1-30 所示，通过操作信息显示屏，可以通过手触方式选择单一摄像头，对单一视角进行放大，使驾驶人非常方便观察车辆某一个区域的具体状态。

图 6-1-1-29　功能操作　　　　　　　　　图 6-1-1-30　单一摄像头模式

① 单一视图模式。如图 6-1-1-31 所示，选择单一视图模式，通过手触方式分别选择前后左右摄像头，对全景影像的视角进行切换，将单一视图显示在操作信息显示屏上，还可以使用放大功能键进行放大，使驾驶人非常方便观察车辆某一个区域的具体状态。

② 全景视图模式。如图 6-1-1-32 所示，单击 3D 模式（也称为全景视图模式），显示屏会把车辆四周状态同时切换到一个界面，并且可以通过手触方式转动全景视图，观察车辆四周的环境状况。

图 6-1-1-31　单一视图模式　　　　　　　图 6-1-1-32　全景视图模式

四、能力训练

任务描述：

在实训教师的辅助下能够完成 ADAS 的功能测试。

1. 操作条件

工具资料	名　　称	规　　格	备　　注
资料	车型维修手册	电子版或纸质版	对应车型及年款
	技术快讯	对应车型	根据实际情况确定有无
工具与设备	荣威 marvel X	—	—
	配有 ADAS 功能的车辆	—	—
操作对象	对荣威 marvel X 的 ADAS 的功能进行测试		

2. 安全及注意事项

1）在学校许可的驾驶区域。

2）车辆由有驾驶资格的实训教师驾驶。

3）驾驶过程中，都必须系好安全带。

4）实训过程中严格遵守实训纪律，不得嬉戏打闹。

5）保证车辆的室内清洁。

3. 操作过程

序号	步骤	操作方法及说明	质量标准
1	智能巡航控制系统功能与测试	1）通过转向盘左侧巡航控制手柄，开启自适应巡航 2）通过旋钮调节距前车距离 3）操作"RES/+""SET/−"（设定/减速）并说明其执行的功能 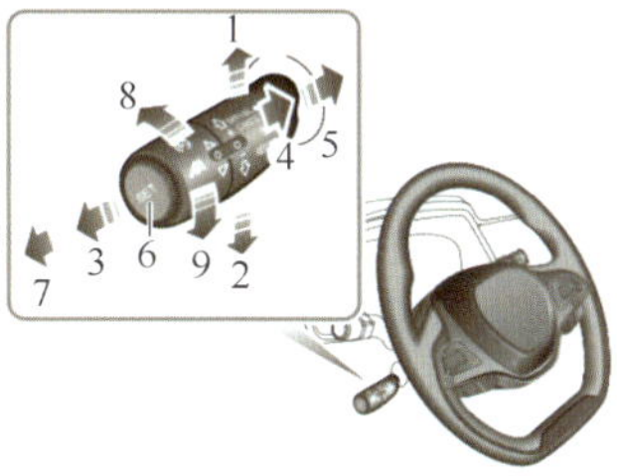	功能正常，车辆按要求进行调节响应
2	自动紧急制动系统功能与测试	通过中控屏选择相应功能进行测试 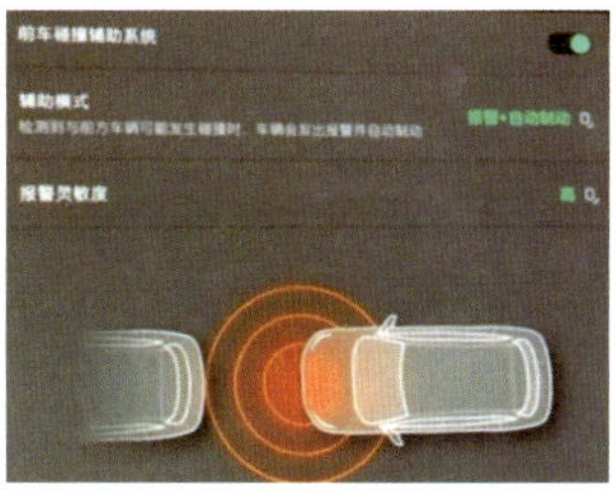	车辆按选择功能执行响应
3	车道保持辅助系统功能与测试	通过中控屏选择相应功能进行测试 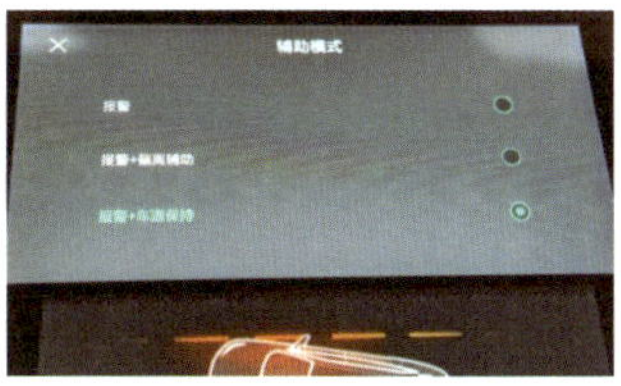	车辆按选择功能执行响应
4	侧面碰撞修正控制系统功能测试	通过中控屏选择相应功能进行测试 	车辆按选择功能执行响应

(续)

序号	步骤	操作方法及说明	质量标准
5	自动泊车辅助系统功能测试	通过中控屏选择相应功能进行测试	车辆按选择功能执行响应

情境问题一：

自动泊车与自主泊车有什么区别？

提示：半自动泊车为驾驶人操控车速，计算平台根据车速及周边环境来确定并执行转向，对应于 SAE 自动驾驶级别中的 L1 级别；全自动泊车为计算平台根据周边环境来确定并执行转向和加减速等全部操作，驾驶人可在车内或车外监控，对应于 SAE 中的 L2 级别。

自主泊车又称为代客泊车或一键泊车，指驾驶人可以在指定地点处召唤停车位上的车辆，或让当前驾驶的车辆停入指定或随机的停车位。整个过程正常状态下无须人员操作和监管，对应于 SAE 中的 L3 级别。

情境问题二：

特斯拉的 Autopilot 有什么功能？

提示：Autopilot 是特斯拉推出的一款软件服务，称为自动驾驶。但随着一些安全事件的发生，改称为自动辅助驾驶系统（或称高级驾驶辅助系统）。

4. 学习结果评价

序号	评价内容	评价标准	评价结果(是/否)
1	智能巡航控制系统功能与测试	能够描述智能巡航控制系统功能并进行功能操作	
2	自动紧急制动系统功能与测试	能够解释自动紧急制动系统功能与测试并执行功能操作	
3	车道保持辅助系统功能与测试	能够阐述车道保持辅助系统功能与测试并执行功能操作	
4	侧面碰撞修正控制系统功能测试	能够描述侧面碰撞修正控制系统功能测试并执行功能操作	
5	自动泊车辅助功能与测试	能够解释自动泊车辅助系统功能与测试并执行功能操作和测试	
6	信息检索的使用	能够使用正确的关键词获取所需的学习信息	
7	信息的传达	能够清晰明确地表达自己的想法	
8	工作方法改进的意识	能够根据任务完成的结果制订有效的优化方案	
9	安全操作系统	能够按安全操作规范使用工量具	

五、课后作业

1. 根据学习内容，确定以下英文缩写与汽车功能的对应关系，并用直线连接起来。

    智能巡航控制　　　　　　　　APA
    车道偏离预警　　　　　　　　AEB
    车道保持辅助　　　　　　　　ICC
    自动紧急制动　　　　　　　　LDW
    自动泊车辅助　　　　　　　　BSD
    盲点监测　　　　　　　　　　LKA

2. 根据学习内容，完善智能巡航控制系统操作过程中的关键信息。

3. 根据学习内容，完善自动紧急制动系统操作过程中的关键信息。

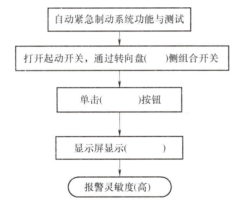

参考文献

[1] 崔胜民. 智能网联汽车新技术[M]. 2版. 北京：化学工业出版社，2021.

[2] 崔胜民，卞和善. 智能网联汽车技术[M]. 北京：机械工业出版社，2020.

[3] 佐默. 车辆网联技术[M]. 胡红星，郭建华，严如强，译. 北京：机械工业出版社，2020.

[4] 崔胜民，俞天一，王赵辉. 智能网联汽车先进驾驶辅助系统关键技术[M]. 北京：化学工业出版社，2019.

[5] 陈宁，徐树杰. 智能汽车传感器技术[M]. 北京：机械工业出版社，2020.